QUE SAIS-JE ?

Les rituels

JEAN MAISONNEUVE
Professeur émérite à l'Université Paris X-Nanterre

DU MÊME AUTEUR

Les sentiments, Paris, coll. « Que sais-je ? », n° 322, 12e éd. refondue, 1985.
La psychologie sociale, Paris, coll. « Que sais-je ? », n° 458, 15e éd., 1988.
La sociométrie et l'étude des relations préférentielles, in *Traité de psychologie expérimentale*, dir. P. Fraisse et J. Piaget, t. IX, PUF, 1964.
Psychosociologie des affinités, PUF, 1966, 545 p.
Introduction à la psychosociologie, PUF, coll. « SUP », 4e éd. augm., 1982.
Recherches diachroniques sur une représentation sociale, Ed. du CNRS, 1978, n° 44.
Modèles du corps et psychologie esthétique, en collab. avec M. Bruchon-Schweitzer, PUF, 1981, 206 p.

ISBN 2 13 041970 4

Dépôt légal — 1re édition : 1988, octobre

108, boulevard Saint-Germain, 75006 Paris

INTRODUCTION

Le terme rite est relativement banal ; étymologiquement il vient du latin *ritus* qui désigne un culte, une cérémonie religieuse, mais aussi plus largement un usage, une coutume. Ce double sens, large ou restreint, se retrouve dans le langage courant ; il peut présenter aussi une tonalité péjorative pour évoquer une conduite mécanique, stéréotypée, dont le sens et la portée sont plus ou moins périmés, sinon dérisoires.

Les rituels peuvent être religieux (comme la messe ou le sabbat) ; séculiers (comme le protocole ou le serment des jurés) ; ils peuvent être collectifs (comme les fêtes nationales ou familiales), ou privés (comme la prière intérieure ou certains rites corporels) ; d'autres concernent simplement notre vie quotidienne (comme le salut, la politesse), ou des pratiques superstitieuses qui se rattachent à la magie et sont encore vivaces dans certaines régions. Il conviendrait de rechercher sous leur diversité et leur variété culturelle une définition générale des rituels susceptible d'englober leur ensemble.

On ne peut guère distinguer entre les deux termes « rite » et « rituel » ; tout au plus ce dernier peut-il désigner un système de rites dont ceux-ci sont les composants ; par exemple le rituel catholique comprend une pluralité de rites sacramentels et cérémoniels. Quant à l'adjectif « rituel », il signifie la conformité aux prescriptions du rite. Dans cet ouvrage nous emploierons indifféremment les deux termes.

Une chose est d'accomplir un rite, une autre de l'étudier et déjà de le repérer comme tel. Cette attitude d'observation a d'ailleurs largement précédé l'avènement des sciences humaines ; on rencontre dès l'Antiquité des récits plus ou moins frappants concernant les coutumes que les auteurs ont jugées les plus différentes de celles de leur pays. C'est sans doute cet aspect « étrange » et « étranger » qui caractérise d'emblée beaucoup de rituels entendus au sens large. La découverte du nouveau monde au XVIIIe siècle a été ainsi la source de nombreux témoignages inspirés par la suprise et parfois l'indignation des voyageurs devant certaines conduites.

Si impressionnistes qu'ils fussent, ces récits préludaient à l'ethnographie qui devait se développer au début du XXe siècle selon des méthodes de plus en plus fines et rigoureuses. Cette nouvelle science allait d'ailleurs s'attacher initialement et presque exclusivement à la description, puis à la comparaison des sociétés dites « primitives », africaines, amérindiennes, océaniennes... — avec des motivations et des finalités diverses : curiosité scientifique, souci de retrouver les origines de la culture humaine, des croyances, des symboles, des techniques. Même si l'ambition d'une théorie génétique est discutable, il n'est pas douteux que les rituels ont un rôle plus considérable dans ces sociétés que dans les nôtres. C'est pourquoi ils ont fait l'objet des recherches de grands pionniers, tels Durkheim en France, Frazer en Grande-Bretagne, suivis de beaucoup d'autres.

Les travaux concernant les rituels sont nombreux mais les ouvrages qui leur sont intégralement consacrés sont relativement rares ; peut-être, on le verra, en raison de difficultés théoriques concernant leur interprétation. Mais le champ est considérable car il concerne aussi bien les sociétés historiques que les sociétés archaïques, et cela jusqu'à nos jours malgré leur moindre impact ou leur moindre « visibilité ». Sans intention exhaustive, nous essaierons ici de cerner les fonctions, les types et les théories générales des rituels ; en mettant l'accent sur les rites séculiers et quotidiens, nous nous interrogerons finalement sur la crise contemporaine de la ritualité et l'émergence ici ou là de nouveaux rituels[1].

Il convient donc de marquer les limites d'un ouvrage qui reste centré sur la culture occidentale et quelques aspects archaïques — sans avoir pu aborder, faute de place, le champ actuel des rites africains et orientaux.

1. Pour une analyse plus approfondie centrée sur les rituels archaïques, la problématique de l'impureté, de la puissance magique et du sacré, on consultera l'ouvrage classique de J. Cazeneuve, *Sociologie du rite*, PUF, coll. « SUP ».

Chapitre Premier

QU'EST-CE QU'UN RITUEL ? SENS ET PROBLÉMATIQUE

I. — Définition et rôle des rituels

Les termes « rite », « rituels », dont nous venons d'esquisser l'origine et le champ ne sont pas faciles à définir, d'autant qu'ils correspondent à un concept transdisciplinaire que l'on rencontre chez les ethnologues, les sociologues, les psychologues sociaux, les psychanalystes, les éthologistes — sans parler du sens commun qui en fait parfois un usage... abusif.

Pour parvenir à une définition un peu consistante et spécifique, il faut d'abord évoquer le sens de ces termes dans ces diverses disciplines, puis montrer leurs rapports avec plusieurs notions adjacentes souvent associées aux mêmes processus.

1. **En ethnologie** et en **sociologie** les rituels désignent un ensemble (ou un type) de pratiques prescrites ou interdites, liées à des croyances magiques et/ou religieuses, à des cérémonies et à des fêtes, selon les dichotomies du sacré et du profane, du pur et de l'impur. Ces pratiques ont suscité l'observation et l'interprétation aussi bien de chercheurs français (de Durkheim à Lévi-Strauss) que d'anglo-saxons

(de Frazer à Turner) — pour ne citer que quelques noms parmi tout un corpus de travaux[1].

— La *psychologie sociale* met surtout l'accent sur la dimension interactionnelle d'une ritualité qui concerne certains aspects de la vie quotidienne, en s'attachant au sens vécu et au niveau de conscientisation des conduites chez les acteurs.

— *La psychanalyse*, tout en reconnaissant la fonction collective des rituels, s'intéresse surtout à leurs formes et à leurs fonctions privées : démarche adoptée par l'individu dans le cadre de situations banales sous l'effet d'une compulsion de répétition et d'obsessions plus ou moins névrotique (au niveau par exemple de l'alimentation, de la toilette ou du vêtement).

— Pour *l'éthologie* enfin, la ritualisation relève d'un processus d'évolution des espèces et concerne l'adaptation de schèmes archaïques de comportement à une fonction spécifique de communication ; notamment pour les parades de séduction ou d'intimidation chez plusieurs espèces. Mais l'extension du concept de l'humain à l'animal n'est pas sans poser des problèmes que nous ne pourrons pas traiter ici.

En toute occurrence, il apparaît que les rites désignent toujours des conduites spécifiques liées à des situations et à des règles précises, marquées par la *répétition*, mais dont le rôle n'est pas évident. D'autre part, quelles que soient les variétés concrètes et les variations à travers l'espace et le temps, l'existence de rituels sociaux paraît universelle.

2. **Notions adjacentes.** — Quant à l'emploi extensif du terme, on constate des voisinages et des analogies.

— *Coutumes*, *routines* : il arrive assez couramment de réduire le rite à certains usages ou segments de

1. On trouvera ces auteurs et leurs principaux ouvrages dans la bibliographie terminale. Leur présence est signalée au cours du texte par la mention (bibl.).

conduite présentant un caractère routinier et stéréotypé ; en parlant par exemple de rituels administratifs ou pédagogiques pour mettre l'accent sur des aspects formels et procéduriers apparemment périmés. Mais à y regarder de plus près, ces processus concernent un cycle d'opérations qui ne se réduit pas à un programme ni à une habitude. En effet, ils se réfèrent à certaines *valeurs*, quelquefois contestées mais encore largement prégnantes. Ainsi l'emploi extensif du terme reste-t-il pourvu d'*un halo de sens et de symbole irréductible à la seule utilité*. Ce caractère était encore plus manifeste dans les rites archaïques, riches en complications et en épreuves pouvant aller jusqu'à la mutilation — sans qu'ils soient pour autant absurdes ni gratuits comme on le verra ultérieurement. Terminologiquement, on pourrait toutefois distinguer entre « ritualité » et « ritualisme » en réservant le second aux formes les plus stéréotypées, voire machinales, de comportements rituels, tendant vers la sclérose et la caducité.

— *Code, programme :* un code est un système de signaux qui, par convention préalable, est destiné à transmettre un message d'un émetteur à un récepteur. Les signaux peuvent être de nature diverse : linguistiques, gestuels, mécaniques. Le choix du registre dépend à la fois de la finalité de la communication (informer, inquiéter, séduire, etc.) et du contexte (coutumier ou conjoncturel). Plusieurs codes sont susceptibles de ritualisation, notamment dans les domaines religieux et magique, mais aussi juridique ou même mondain. A la limite la mode, malgré son caractère éphémère, peut être codée — et vécue — dans certains milieux et par certains individus comme une sorte de rituel[2].

2. Voir chap. III, § IV, 4.

On pourrait donc dire que les rites constituent un système codifié spécifique permettant à des personnes et des groupes d'établir une relation avec une puissance occulte ou un être divin ou avec leurs substituts surnaturels ou séculiers (idéaux). Mais alors que le code, comme toute convention, peut être plus ou moins aisément modifié, le rite présente un caractère quasiment immuable, à travers de très longues périodes de temps ; et toute atteinte à l'ordre comme au contenu de ses séquences à son programme minutieux en dénature le sens et la portée. On retrouve ici ce qui le distinguait d'une simple coutume ; la référence à des forces latentes ou à des valeurs insignes ; bref, à un certain « sacré » — notion et domaine complexes qu'il faudra à son tour définir.

— *Cérémonie*, *culte* : ces termes sont étroitement associés dans la littérature ethnologique et sociologique, notamment chez Emile Durkheim (bibl.). Inversement certains auteurs[3] ont tenté d'établir entre eux une distinction assez nette. Soit en faisant de la cérémonie une catégorie très générale de la communication sociale dont le rite serait une forme « mystique » — pouvant d'ailleurs prendre un caractère privé (dans le cas de la prière solitaire) ; soit encore en distinguant le « cérémonial » et le « cérémonieux » (l'étiquette) ; soit enfin en réservant le terme « culte » aux pratiques spécifiques exprimant la vénération (envers un dieu, une entité, une personne).

Ces distinctions restent fragiles si elles prétendent établir plus qu'une convention nominale. Car une cérémonie laïque présente souvent un caractère solennel et emprunte plus ou moins au rituel religieux, pouvant aller jusqu'à la parodie (telle l'intronisation

3. L. de Heutsch, Introduction à une ritologie générale, *in* E. Morin, *Pour une anthopologie fondamentale*, Point/Seuil.

dans certaines confréries politiques ou gastronomiques !). On ne saurait d'ailleurs oublier l'étymologie *caeremonia*, désignant le culte, le respect du sacré.

En définitive on pourrait simplement réserver le terme de cérémonie aux formes ou aspects de pratiques collectives fortement organisées, voire théâtralisées ; toute cérémonie se référant donc à un rite fondateur et tout rite pouvant comporter une mise en scène plus ou moins cérémonielle (cas du mariage ou des funérailles).

— *Rite et symbole :* les termes de symbole, symbolique, sont doués eux aussi d'une extension variable. Au niveau même du langage courant on dit par exemple que l'anneau, le drapeau ou la croix sont les symboles du mariage, de la patrie, du Christ ; que le chien symbolise la fidélité ou le serpent la perfidie. L'art, la poésie, la religion recourent à des symboles ; dans tous les cas il s'agit d'une chose absente de notre perception immédiate qui est « représentée », figurée par l'objet symbolique. Celui-ci assure un lien avec l'invisible et met en jeu l'imaginaire[4]. Les pratiques rituelles sont éminemment symboliques car elles médiatisent par des postures, gestes ou paroles une relation à une « entité » non seulement absente (ce qui est le cas du simple « signe ») mais impossible à percevoir, inaccessible sauf par le moyen du symbole lui-même.

On voit donc combien rite et symbole sont solidaires ; bien qu'il puisse exister des systèmes symboliques sans rituel, comme dans le cas des mathématiques. Mais il s'agit ici précisément du système le plus abstrait et le plus intellectualisé, alors que tous les autres : arts, mythes, idéologies — même

4. L'homme a pu être défini par Cassirer (bibl.) comme « un animal symbolique ».

le rationalisme, lorsqu'il confine au dogme et au « culte de la raison » — comportent des rituels exigeants. Parmi quelques définitions condensées, pouvant convenir à tout rituel religieux, civil, ou quotidien, on retiendra celle que propose I. Chiva, « technique sociale symbolique ».

3. **Les corrélats du rite : la foi, le sacré, le corps.** — Entendons par là des éléments qui leur sont si étroitement liés que les rites ne pourraient exister ni fonctionner sans eux.

— Il s'agit d'une part d'un ensemble de « croyances » pouvant prendre la forme d'adhésion à telle doctrine religieuse ou magique, à tel mythe des origines[5], à tels idéaux laïques, impliquant dans tous les cas une attitude mentale de l'ordre de la « foi ». La foi échappe à toute démonstration rationnelle ; elle s'adresse à un être suprême, à des forces occultes ou à des valeurs qui revêtent pour le croyant un caractère sacré. On pourrait déjà dire que s'il peut exister des rites sans dieu et sans mystère, il ne saurait y avoir de rite sans foi — ni sans doute de foi sans rituels.

Quant au *sacré*, c'est un domaine et une notion complexes[6] ; étymologiquement il s'oppose au « profane » en désignant ce qui est séparé et circonscrit — « l'enceinte », le lieu réservé où ne pénètrent que des initiés. Mais les travaux ethnologiques et historiques révèlent la grande ambiguïté du sacré, situé aux confins du pur et de l'impur, de l'ordre et du désordre, du respect et de la transgression. En outre, le sacré relève de l'émotion plus encore que de la représentation ; c'est, selon l'expression de R. Caillois (bibl.) « une catégorie de la sensibilité ». Ce qui

5. Nous reviendrons sur les rapports du rite et du mythe, chap. III, I et IV, II.
6. Voir J. Wunenberger, *Le sacré*, PUF, coll. « Que sais-je ? ».

conduit à s'interroger sur le champ du sacré : concerne-t-il exclusivement la transcendance, la communication avec un monde surnaturel, supra-humain, auquel se réfèrent tous les rites archaïques et traditionnels ? Ou bien peut-on admettre un sacré immanent, lié à des valeurs séculières d'ordre civique, moral, politique, relationnel ? La réponse à cette question intervient dans la définition du rite si l'on veut y inclure le champ de la modernité. Nous y reviendrons.

— D'autre part, il s'agit d'un ensemble de conduites corporelles (postures, gestes, danses, vocalises) faute desquelles cette foi ne pourrait s'exprimer, s'incarner. Car il n'existe sans doute aucun rituel qui ne prenne le corps comme support direct ou indirect de son action ou de son projet. Soit en tant que lieu pour y fixer des signes, des marques, voire y pratiquer des interventions ; soit comme source d'énergie et d'influence (regards, contacts, appels, lamentations) ; soit bien souvent comme sujet de la sexualité, ce champ où la culture et ses règles s'articulent à des pulsions. Tous les travaux consacrés aux rituels soulignent cette liaison foncière de la foi et de la corporéité. « La foi qui n'agit point, est-ce une foi sincère ? » proclamait un vers célèbre de Racine[7] ; et au niveau le plus primitif, mais résurgent jusqu'à nos jours, le tatouage inscrit rituellement sur la peau la marque d'un destin collectif ou privé.

Arrivé à ce point, il est possible de proposer du rituel une définition englobante et transversale : *c'est un système codifié de pratiques, sous certaines conditions de lieu et de temps, ayant un sens vécu et une valeur symbolique pour ses acteurs et ses témoins, en impliquant la mise en jeu du corps et un certain rapport au sacré.*

7. *Athalie*, acte I, scène 1.

On notera qu'une telle définition exclut l'usage commun du terme comme pratique routinière (ritualisme) et réserve le cas de l'éthologie, où la ritualisation animale échappe aux implications sacrales.

4. **Rôle des rituels.** — On ne saurait se limiter aux aspects observables des rituels : répétition, pérennité, variété culturelle et locale ; il importe de dégager leurs fonctions et leurs significations, en se référant à la fois au climat groupal lors du déroulement du rite et *au vécu propre des acteurs*, donc à l'ensemble des situations, sentiments, représentations dont il assure à la fois l'expression et la régulation ; tous processus qui relèvent d'*une approche psychosociale* — quelle que soit la discipline de référence du chercheur.

Au-delà de buts explicites déterminés, tels que protection divine, fécondité, intronisation, convivialité, etc., on peut assigner aux rituels trois fonctions majeures — qui sont d'ailleurs liées entre elles et inégalement conscientes chez les groupes et les sujets concernés :

— *Fonction de maîtrise du mouvant et de réassurance contre l'angoisse* : les conduites rituelles expriment et libèrent l'inquiétude humaine devant le corps et le monde, leur transformation et leur anéantissement. Elles permettent de canaliser des émotions puissantes (comme la haine, la peur, le chagrin, l'espérance) dans le cas de nombreux rites archaïques d'ordre conjuratoire et propitiatoire. Cette fonction est particulièrement manifeste dans les rituels de deuil présents dans toutes les sociétés ainsi que dans certains rites d'initiation ou de soins corporels.

De nombreuses pratiques constituent un moyen de maîtriser symboliquement l'espace et le temps afin de réduire leurs contraintes ou leur fluidité. C'est le cas notamment lorsqu'il s'agit de sacraliser un lieu privilégié par des marques et une gestuelle symboliques (cas de tous les rites comportant une délimitation de l'espace) — où lorsqu'il s'agit de consacrer les périodes ou les étapes de la nature (rites saisonniers) ou du temps de la vie (rites de passage).

— *Fonction de médiation avec le divin ou avec certaines formes et valeurs occultes ou idéales :* cette fonction est directement liée à la précédente puisqu'elle tend à se concilier des puissances qui nous échappent : divinités, esprits, bénéfiques ou maléfiques, idéaux aléatoires. Devant ce qui ne lui est pas techniquement accessible et contrôlable, l'homme recourt à des opérations symboliques : gestes, signes, objets figuratifs auxquels il prête une certaine efficacité. Tel est le sens des prières, des formules magiques, jusqu'aux conduites superstitieuses les plus triviales.

La référence à un certain sacré subsiste dans les rituels laïcs et séculiers sous forme de « valeurs » et d' « idéaux » auxquels sont consentis des sacrifices, des marques de respect, voire des incantations — le cas est patent au moins au niveau du discours dans les congrès politiques ou à l'occasion de fêtes commémoratives.

— *Fonction de communication et de régulation*, par l'attestation et le renforcement du lien social. Cette fonction est sans doute moins consciente que les précédentes mais sensible à tout observateur : toute communauté (large ou restreinte), tout groupe partageant un sentiment d'identité collective (bien exprimé par l'usage intensif du pronom « nous », « nous autres »), éprouve le besoin d'entretenir et de raffermir les croyances et les sentiments qui fondent son unité. Cette sorte de « réfection morale », pour reprendre une expression de Durkheim, ne peut être obtenue qu'au moyen de réunions, de rassemblements où les individus, étroitement rapprochés les uns des autres réaffirment en commun leurs communes valeurs. C'est le cas de toutes les fêtes religieuses ou laïques, de tous les rites de masse (manifestations, grands jeux, matches, etc.) et même de certains rites plus quotidiens (tels que les formes de la « politesse », les soucis de la « tenue », les visites...).

A travers ces rôles les rituels apparaissent à la charnière de la nature et de la culture, du sensible et du spirituel ; ils assurent non seulement une régulation sociale et morale mais aussi la satisfaction (consacrée) des désirs : union, abondance, consolation, pardon ; désirs aussi vivaces aujourd'hui que jadis. On conçoit donc l'absurdité de certaines assertions prétendument critiques qui tendraient à réduire le champ des rituels à l'archaïsme ou au folklore et à conclure de la perte de signification de certains rites à l'insignifiance du rituel en général.

II. — Modes d'approche des rituels

Les méthodes d'investigation des rituels relèvent de diverses procédures assez courantes dans les sciences humaines. Dans de nombreux cas, les matériaux dont disposent les chercheurs en « ritologie » sont d'origine indirecte, qu'il s'agisse de documents historiques concernant une période plus ou moins ancienne, ou de documents récents établis par des études de terrain puis communiqués aux chercheurs. Ces procédures sont sans doute inévitables, car une même personne ou une équipe d'enquêteurs ne peuvent recueillir l'ensemble des données utiles ; mais elles soulèvent des problèmes de comparaison et de critique des matériaux, tant au niveau de leur récolte que de leur élaboration et de leur interprétation. Du point de vue anthropologique, J. Cazeneuve (bibl.) souligne l'intérêt de la *méthode comparative* ; soit pour dégager la signification globale de l'attitude rituelle ; soit pour trouver les articulations pertinentes pour établir une typologie ; soit encore pour situer la portée — locale ou transculturelle — d'une interprétation ; toujours il faut disposer d'un ample échantillon de pratiques. Le cas le plus notoire se produit lorsqu'on retrouve des rites identiques chez des peuples éloignés et dans des cultures n'ayant entre elles aucun contact. C'est le cas par exemple pour la circoncision, pour certains rites de défi ou de convivialité, pour certaines pratiques funéraires.

1. **Deux modes d'observation.** — Dans le cadre des enquêtes de terrain[8] la méthode fondamentale reste *l'observation*, mais celle-ci peut prendre deux formes fort différentes :

— L'observation plus ou moins *systématique* des comportements en fonction d'un guide ou d'une grille élaborée à partir d'une étude pilote, auprès des groupes ou des échantillons choisis dans la population concernée. Il s'agit d'une approche relativement distanciée où l'observateur, afin d'éviter les « biais », reste le plus neutre possible.

— L'observation *participante* où le chercheur s'insère dans le groupe qu'il étudie et interagit avec les acteurs sociaux en s'impliquant avec eux dans des situations communes. Même s'il a d'emblée quelques hypothèses ou centres d'intérêt, son souci primordial est de se mettre à l'écoute, voire à l'école des gens qu'il veut comprendre.

A) Voici un exemple de la première approche :

La recherche de B. Bril (bibl.) porte sur les « invariants » ou « ritèmes » qu'il est possible de dégager à partir de l'analyse comparée d'un ensemble de rituels de naissance et de mort observés

8. Consulter à propos du folklore et de l'ethnographie l'ouvrage de J. Cuisenier et M. Segalen, *L'ethnologie de la France*, coll. « Que sais-je ? ».

dans diverses cultures africaines. On peut faire l'hypothèse d'un nombre déterminable de ritèmes permettant de recomposer par combinaison des comportements rituels, compte tenu des trois niveaux structurels du rite, à savoir :

Niveau 1	*Niveau 2*	*Niveau 3*
rituel global ou rite systémique total ex. : un rite funéraire	ensemble de séquences ex. : purification ; oblation	actions rituelles élémentaires ex. : aspersion libation

Toutefois une méthode d'analyse purement descriptive des comportements observés ne saurait suffire sans recours au moins implicite à une saisie du *sens*. Cela se manifeste dans la sélection et la dénomination des catégories où sont regroupés les ritèmes ; par exemple ici l'oblation ou la purification ; celle-ci regroupant elle-même six ritèmes : bain, aspersion, lavement, frottage, balayage, feu — l'aspersion elle-même désignant tout autre chose qu'une simple projection de liquide sur un être ou un objet ; de même que la notion de sacrifice est irréductible à celle de tuer...

Ce mode d'approche des rituels renvoie donc des techniques de recherche à *une problématique* : celle de la tendance générale à une ritualisation de certains comportements. Car le rite peut être considéré comme un langage englobant plusieurs vecteurs du sens : celui de sa finalité — dont nous avons traité à propos de ses fonctions ; mais aussi celui de sa genèse, de son inspiration. Au-delà de la découverte de la structure[9] des pratiques rituelles demeure la question de sa forme d'expression, pourquoi s'est installé tel programme d'actions privilégiées ?

Une hypothèse intéressante concernant la prégnance du cours de la nature sur la forme du rituel a été suggérée : par exemple pour le rite (et le ritème) de marche circulaire autour de lieux privilégiés (tombe, maison, temple), on pourrait inférer une mise

9. A supposer qu'on parvienne ici à des résultats aussi élaborés que ceux de C. Lévi-Strauss pour l'analyse structurale des *mythes* ; car même si le rite constitue « un langage en acte », il est moins riche et moins accessible que les récits mythiques.

en correspondance de l'homme à son environnement, le déplacement du corps imitant celui de la marche du soleil. Une des origines de comportement rituel apparaîtrait donc comme une interprétation des phénomènes naturels.

Mais une question demeure : lesquels l'homme a-t-il retenu ? Sans doute ceux qui présentent le caractère le plus prégnant (comme vital en quelque sorte) dans le champ perceptif et affectif. Mais on reste là dans le domaine des hypothèses et des analogies qu'un chercheur ne saurait s'interdire ni non plus consacrer.

B) Avec la méthode *d'observation participante* et de recherche engagée se retrouvent à la fois des problèmes de sens et des questions de « place ». Préconisée par plusieurs ethnologues, elle est même considérée comme la seule pertinente, selon certains chercheurs, pour pénétrer les milieux des pratiques occultes, notamment la *sorcellerie*.

Pour J. Favret-Saada (bibl.) qui étudia ces pratiques dans le bocage normand, il faut renoncer à toute attitude d'extériorité si l'on veut saisir quoi que ce soit de significatif : « Tant que j'ai occupé la place ordinaire de l'ethnographe, celle qui prétend savoir pour savoir, mes interlocuteurs s'intéressaient moins à me communiquer leur savoir qu'à mesurer le mien, à deviner l'usage, nécessairement magique que j'entendais en faire. Il m'a donc fallu reconnaître l'absurdité qu'il y aurait à continuer à revendiquer une neutralité qui n'était admissible, ni même crédible pour personne. » En sorcellerie, il n'y a pas de place pour un observateur non engagé ; les rituels d'envoûtement et de désenvoûtement sont remarquables par leur pauvreté et leur caractère contingent. Car si le rituel se soutient, c'est essentiellement d'une parole, de qui la prononce et de quelle *place* il parle ; le processus de sorcellerie est d'abord un système de places : envoûteur (présumé), annonciateur du sort, désenvoûteur — et leurs alliés.

Il n'est pas douteux que la méthode d'observation participante ne permette de saisir des aspects et des processus qu'une approche distanciée méconnaît ; notamment le climat microculturel où se situent la ritualité, telles pratiques « secrètes » auxquelles l'observateur extérieur ne saurait avoir accès ; et aussi le vécu même des acteurs tel qu'il peut transparaître à un certain niveau d'échange et d'interaction confiante.

Mais elle comporte aussi ses risques. Un chercheur trop engagé peut entrer en connivence avec des groupes ou des sujets privilégiés et s'exposer ainsi à des distorsions perceptives et à des interprétations partiales ou partielles où fantasme et réalité deviennent indiscernables. Pour reprendre l'exemple précédent, si en sorcellerie le système de places est capital, il importe que le chercheur soit au clair sur sa propre place, sur le rôle qu'il prend ou qui lui est attribué par les acteurs du système.

En toute occurrence l'élaboration d'une théorie du rite conjugue généralement des approches multiples, sans exclusion d'aucune source d'information, de comparaison et d'analyse. C'est déjà le cas pour les démarches typologiques visant à mettre un ordre dans la prolifération des données et le disparate du rituel.

III. — Le champ des rites et leur classification

Les classifications prétendent parfois garder un caractère d'inventaire purement descriptif et se réduire à une ordination des objets, des êtres ou de leurs conduites. En vérité la dénomination comme la distinction des « classes » ou des « catégories » et la répartition entre elles des éléments qui les composent mettent en jeu la problématique propre au domaine concerné. C'est le cas notamment pour les rituels. Nous évoquerons deux contributions notoires.

1. **Durkheim, en pionnier**, s'est attaché à classer les principales « attitudes rituelles » parmi les « formes élémentaires de la vie religieuse » (bibl.). Il distingue d'abord deux grandes catégories : le culte *négatif*, constitué par un ensemble de tabous, d'interdits, et le culte *positif* qui établit le rapport au sacré. Le premier a pour but d'assurer la séparation du profane et du sacré en évitant tous mélanges impies ou dangereux ; car il faut dissocier aussi les interdits religieux — dont la transgression (sacrilège, péché) entraîne la sanction divine et le reproche des hommes ; et les interdits magiques qui font seulement encourir des risques « pratiques » — parfois il est vrai considérables (du malheur à la mort).

Le culte négatif consiste en démarches et en épreuves conditionnant l'accès au culte positif. Tel est le rôle des *rites ascétiques* qui vont de simples privations aux mutilations corporelles.

Le culte positif revêt des formes multiples et se fonde dans toutes les religions sur des rites *sacrificiels*, qui constituent à la fois un acte de renoncement, d'offrande et de communion (alimentaire) unissant le dieu et ses fidèles.

— Les rites *mimétiques* viennent souvent consolider ou remplacer les précédents ; ils reposent sur le principe que le semblable produit le semblable et s'apparente à ce qu'on nomme la magie sympathique ; ils englobent des pratiques de figuration, d'invocation et d'incantation.

— Les rites *commémoratifs et représentatifs* offrent aussi un large éventail : fêtes solennelles (anniversaires des manifestations de la divinité, culte des ancêtres) célébrées dans des lieux sacrés souvent réservés aux initiés — fêtes plus populaires où la fonction ludique se mêle à la fonction culturelle ; c'est le cas lorsque des acteurs jouent un épisode dramatique de la vie d'un héros ; elles relèvent d'un imaginaire social où les individus viennent régulièrement se ressourcer.

Certes, note Durkheim, il ne faut pas exagérer l'aspect récréatif ; lorsqu'un rite ne sert plus qu'à distraire, il est menacé ; mais il peut combiner du sérieux et du jeu ; « la récréation est une des formes de cette réfection morale qui est l'objet principal du culte positif. Une fois acquittés nos devoirs rituels, nous rentrons dans la vie quotidienne avec plus de courage et d'ardeur. C'est pourquoi l'idée même de cérémonie religieuse éveille naturellement l'idée de fête ; et inversement toute fête même laïque garde une tonalité religieuse » — avec notamment un état d'effervescence et d'exaltation qui suscite et absout quelques transgressions aux règles ordinaires. Par ces propos Durkheim reconnaissait explicitement l'existence de *rites séculiers*, notamment de rituels de masse (défilés, jeux ou spectacles).

— Les rituels *expiatoires* : en contraste avec l'allégresse des fêtes ressort la tristesse ostentatoire des cérémonies de deuil et d'expiation ; destinées à conjurer la mort et les malheurs, elles prennent parfois des formes paroxystiques au terme desquelles le groupe éprouve un sentiment de réassurance et de réparation.

2. **La classification proposée par J. Cazeneuve** (bibl.) part aussi d'une réflexion devant les attitudes possibles de l'homme devant son destin et se relie étroitement à une problématique. Quant on se demande ce qui crée dans les sociétés le besoin de recourir à des rites, on est amené à penser que l'homme aux prises avec des sentiments contraires, se sentant à la fois libre et menacé par des forces obscures « a pu être partagé entre le désir de définir par des règles une condition immuable et, d'autre part, de rester plus puissant que les règles, de dépasser toute limite ». Devant ce conflit mental, le rituel pouvait fournir trois solutions :

— soit rassurer contre l'angoisse et les risques liés à tout ce qui nous dépasse, ce « surhumain » auquel R. Otto (bibl.) a donné le nom de « numineux » : pouvoir effrayant et attirant. Les rites visent alors à la préservation (tabous) ou à la purification (effacement des souillures) ou l'aménagement du devenir (rites de passage) ;

— soit rechercher la puissance par des contacts avec le surnaturel aux dépens de la sécurité ; c'est le cas des rites liés à *la magie* et à la sorcellerie. Leur pratique requiert l'usage d'objets impurs ou répugnants (ossements, cadavres, excréments) ; la trans-

gression de tabous majeurs (homicide, inceste) ou mineurs (violence, ivresse) ; et surtout l'intervention de personnages « extraordinaires » par leur aspect, leur conduite, leur magnétisme personnel et leur rapport privilégié avec des puissances occultes, plus souvent maléfiques (diables, démons) que bénéfiques (esprits tutélaires) ;
— soit viser une divinité transcendante, suprême, qui permette à l'homme à la fois de participer à son essence, de séparer zone sacrée et zone profane et même de régler sagement sa vie quotidienne. Tel est l'objet des *religions* qui tendent à dépasser une combinaison de tabous, d'incantations et de superstitions. Elles n'en imposent pas moins un système de rites négatifs (interdits, jeûnes, épreuves initiatiques) et positifs (prière, offrandes, communion).

D'autres classifications ont été proposées ; on y retrouve la plupart des grandes catégories précédentes. Certains auteurs mettent l'accent sur un type de rituels dont ils présentent une analyse très approfondie. C'est le cas notamment des travaux que A. Van Genepp a consacrés aux rites de passage, de ceux de R. Caillois sur les rites festifs ; ceux de C. Rivière et J.-P. Sironneau sur les rites laïques ; ceux de E. Goffman pour les rites quotidiens d'interaction ; de J.-T. Maertens pour les rituels du corps.

Dans les deux chapitres suivants, sans viser un inventaire exhaustif, nous essaierons d'ordonner et d'intégrer la plupart de ces contributions autour de deux axes majeurs :

— celui des *rituels magico-religieux*, en y incluant les rites de passage et en revenant sur le sens du sacré ;

— celui des *rituels séculiers*, solennels ou banaux, massifs ou privés, politiques ou corporels.

La problématique déjà évoquée se poursuivra à travers l'examen de certains secteurs récents d'effervescence : mouvements religieux, politiques, esthétiques, formatifs. Elle sera reprise et approfondie au chapitre IV autour des principales théories qui s'efforcent d'expliquer le sens et l'essence des rituels. Encore faut-il se garder de donner quelque portée dogmatique à ce plan d'exposition, dans un domaine où plus qu'ailleurs il est difficile de combiner l'ordre des « matières » à celui des « raisons ».

CHAPITRE II

RITES MAGICO-RELIGIEUX

I. — Magie et religion

Le problème des rapports entre magie et religion a fait l'objet de maintes spéculations et polémiques, et sans doute reste-t-il encore en suspens. Il conjugue en effet trois aspects : celui (quasi insoluble) de l'antériorité temporelle ; celui (explicite ou implicite) d'une primauté axiologique et morale ; celui enfin, fort complexe, de l'intrication partielle des deux domaines — notamment au niveau des rituels. Même si l'on peut, comme on vient de le voir, distinguer avec J. Cazeneuve l'attitude religieuse par sa visée transcendante et l'attitude magique par sa visée de puissance immanente, une parenté demeure au niveau des mobiles comme à celui des pratiques.

Le grand souci des hommes, c'est d'intervenir en quelque mesure sur le cours de leur destin de vivant et de mortel pour exaucer leurs espoirs et apaiser leurs craintes. Les pratiques concernent les modalités concrètes et symboliques de cette intervention ; or on trouve de nombreuses démarches rituelles communes à la religion et à la magie : interdits, sacrifices, invocations, initiations... dans un esprit, il est vrai, différent.

On se bornera à résumer ici quelques positions notoires. Les uns, tels Frazer (bibl.) tendent à faire dériver la religion de la magie ; celle-ci serait le propre de tous les peuples primitifs ; elle se fonderait sur des analogies grossières et des contiguïtés fortuites ; un mixte de désir et de hasard ; c'est cette « sympathie » virtuelle circulant entre les êtres et les choses que les rites visent à manier.

Mais le constat de la fréquente inefficacité des rites de magie sympathique aurait conduit l'homme à la fois vers des techniques pré-scientifiques et vers des croyances religieuses en des entités supérieures occupées à diriger le cours de la nature et de la vie. Le magicien qui prétend ordonner à des forces et le prêtre qui supplie son dieu tendent à s'opposer ; mais Frazer admet que les deux démarches peuvent interférer ; par exemple si le prêtre est requis pour réparer les maléfices ou les échecs du magicien par des exorcismes. Le passage de la magie à la religion suppose au moins une conjonction transitoire ; elle est frappante dans le cas des « Hommes-Dieux » où magicien, roi et divinité s'identifient, mais où finit par prédominer l'élément proprement religieux[1].

Pour d'autres auteurs, tels Mauss et Hubert (bibl.) magie et religion procèderaient d'une même source. La sympathie au sens de Frazer n'est que la voie par laquelle passe la force magique et non cette force elle-même — qui correspond au terme mélanésien de « Mana » : sorte de fluide surnaturel qui peut se fixer sur toute chose.

« Ce mana n'est pas simplement une force, un être, c'est encore une action, une qualité et un état ; le mot est à la fois un substantif, un adjectif et un verbe. On dit d'un objet qu'il est "mana" ; d'un être ou d'un rite qu'il a du mana. » Cette ample notion peut donc s'étendre à l'ensemble des rites magiques et religieux, des esprits, des personnes et des objets intervenant dans la totalité des événements de la vie, « c'est lui qui fait que le

1. Frazer, *Les origines magiques de la royauté*, Gauthier.

filet prend, que la maison est solide, que le canot tient la mer... il est source de la fécondité d'un champ, de la vertu d'une médecine, de la fatalité d'une flèche ».

On retrouve d'ailleurs dans plusieurs langues (océaniennes, indiennes, amérindiennes) des équivalents de la notion de mana, qui enveloppe à la fois la transcendance du sacré et l'immanence du pouvoir.

Les mêmes auteurs n'en estiment pas moins possible de distinguer entre rites religieux et rites magiques ; les premiers sont toujours solennels, publics, obligatoires, liés aux valeurs collectives ; les seconds sont le plus souvent des maléfices mis au service d'intérêts personnels, recourant au sacrilège et à la profanation, donc généralement secrets et prohibés. Durkheim insiste aussi sur ce processus de privatisation et de dégradation des rites collectifs ; la morale, souligne-t-il, doit être recherchée du côté de la religion car la magie tend plutôt vers l'immoralité ; aussi bien n'y a-t-il pas de « pêché magique ».

Finalement est-il possible de maintenir entre les deux zones une distinction radicale ? On peut en douter avec R. Bastide : la religion est-elle licite, et la magie illicite ? Mais à côté de la « magie noire » et de la sorcellerie, existe une « magie blanche » au service du culte : exorciser les démons, protéger par des talismans, féconder par des bénédictions. Certains chrétiens perçoivent et utilisent les sacrements eux-mêmes comme une technique de salut. Enfin la religion est-elle caractérisée par la communauté des fidèles tandis que dans la magie les fins individuelles l'emportent sur les fins collectives ? Mais il existe des confréries de sorciers et en magie blanche le magicien reçoit la collaboration de toute la tribu[2].

2. La personne du *chaman* (en Sibérie orientale et chez les Indiens d'Amérique) est un mixte de prêtre et de magicien ; il a une sorte de vocation qu'il met au service d'autrui comme guérisseur et du bien public comme faiseur de pluie ou prophète, grâce au commerce qu'il entretient avec les esprits.

La différence majeure tient au spiritualisme (variable) des religions face au pragmatisme (relatif) des magies. On ne saurait affirmer leur antinomie. Aussi bien un chercheur comme Lévi-Strauss[3] veut-il plutôt proposer une sorte de symétrie dans les démarches et les rapports de la magie et de la religion.

« En un sens on peut dire que la religion consiste en une humanisation des lois naturelles et la magie en une naturalisation des actions humaines — c'est-à-dire le traitement de certaines actions comme si elles étaient partie intégrante du déterminisme physique. Mais il s'agit-là des termes d'une alternative ou des étapes d'une évolution. L'antropomorphisme de la nature (en quoi consiste la religion) et le physiomorphisme de l'homme (par quoi nous définissons la magie) forment deux composantes toujours données et dont le dosage seulement varie. Il n'y a pas plus de religion sans magie que de magie qui ne contienne au moins un grain de religion. » (In *La pensée sauvage*.)

Nous allons donc examiner une suite de rituels où interfèrent en général des éléments d'ordre religieux et d'ordre magique. Certains ont un caractère essentiellement archaïque et traditionnel et nous sont connus par l'ethnographie ou l'histoire ; d'autres se sont maintenus, plus ou moins vivaces, jusqu'à nos jours, parfois en se transformant. Chemin faisant l'accent sera mis sur les survivances, les résurgences, parfois les innovations. Pour certaines catégories le classement est discutable : c'est le cas des rituels festifs. Nous les avons placés dans ce chapitre en raison de leurs fondements religieux ; mais ils ont été largement sécularisés et l'élément festif apparaît dans maintes cérémonies laïques, ludiques ou domestiques. De même au chapitre suivant sont traités les rituels du corps dont les origines sont, elles aussi, magico-religieuses ; mais dont la banalisation est

3. *La pensée sauvage*, Plon.

déjà très ancienne et prend aujourd'hui certaines formes nouvelles.

Aussi bien n'y a-t-il pas une stricte coupure entre les deux axes de notre exposition ; car tout rituel, fût-il d'ordre quotidien, discret ou privé, se réfère toujours par définition même à un certain sacré — dont nous nous appliquerons à dégager l'obscure présence.

II. — Les tabous, interdits, purifications

1. **Le terme de « tabou »** d'origine polynésienne a été importé par le capitaine Cook depuis ses voyages aux îles Hawaï ; il désigne tout ce qui est retiré de l'usage commun, donc défendu, inviolable ; cela peut concerner des objets, des lieux, des actions, des êtres animaux ou humains. Les enquêtes ethnographiques révèlent que ces interdictions existent dans tous les systèmes religieux connus sous des formes très variées.

G. Frazer a dressé une sorte d'inventaire des tabous ; d'abord les actes tabous, notamment : les relations sexuelles avec de proches parents ou certains étrangers ; les interdits portant sur les aliments et les boissons ou les restes d'un repas ; les maisons vides. Ensuite les tabous frappant les personnes, notamment les chefs, les rois, les femmes pendant leurs règles et au cours de l'enfantement ; les guerres, les cadavres, les assassins. Puis certaines substances et objets : fer, armes tranchantes, rebuts corporels. Enfin les « mots » tabous : noms propres, noms de certains parents, de morts, de dieux...

Cette diversité et cette disparité selon les groupes sociaux manifestaient selon les premiers ethnographes la confusion de la pensée primitive avant le développement d'une spiritualité religieuse d'abord polythéiste, puis monothéiste. Encore trouve-t-on dans la Bible de nombreux exemples d'interdits étranges, notamment dans le texte biblique des « Lévitiques ».

Or une analyse attentive permet de dégager sous l'extravagance apparente des tabous la présence d'un sens et parfois d'un ordre systématique[4]. Leur but commun est d'attester et de garantir

4. C'est ce que fait Mary Douglas, à propos du texte du Lévitique.

la séparation entre les domaines du sacré et du profane, du pur et de l'impur, donc d'empêcher les actes sacrilèges dus à leur confusion. De même s'agit-il de se préserver contre la menace occulte qui survient lorsqu'un équilibre est rompu, une règle violée, une limite franchie. Souci de la transgression, crainte devant l'étrangeté qui peuvent se fixer sur tout ce qui apparaît comme insolite dans l'ordre naturel (prodige, monstre, hybride) ou l'ordre coutumier (homicide, inceste). Objets ou acteurs concernés sont réputés impurs ; il faut donc les éviter soigneusement, sinon procéder à un rite de purification même si le contact s'est produit par inadvertance. L'ethnologue anglaise Mary Douglas (bibl.) insiste sur la hantise de la souillure dont témoignent tant de rites archaïques concernant les sécrétions et les orifices du corps ; sang menstruel, lait, urine, crachats, excréments ; troublants confins du dedans et du dehors qui pourraient aussi symboliser les vicissitudes du corps groupal.

2. **Les interdits séparateurs** affectent le cadre spatio-temporel de la vie quotidienne et le système des relations. Des lieux sont réservés au culte avec des temples et des autels, où l'accès et le rôle des prêtres, des initiés et des fidèles est soigneusement codifié. Quant au cours du temps, les jours « fériés consacrés aux dieux et aux fêtes où nul ne doit travailler s'opposent aux jours « ouvrables ». Le rite et le mot « férié » remontent à la Rome antique.

La séparation des sexes est de rigueur dans un grand nombre de circonstances de la vie sociale : cérémonies, repos, travaux et répartition des tâches. La vie collective est régie par un système de hiérarchies et de préséances en fonction du rang de chacun. Ces pratiques archaïques se sont prolongées à travers les sociétés traditionnelles jusqu'à notre époque où se maintiennent plusieurs survivances significatives ; par exemple en matière d'attribution des « places » — qu'il s'agisse de recrutement professionnel ou de réceptions mondaines.

Les interdits primitifs les plus notoires concernent la sexualité et présentent un caractère radical ou circonstanciel. L'endogamie (mariage entre parents ou membres d'un même clan), l'inceste, l'adultère sont rigoureusement proscrits par l'ensemble des sociétés connues. D'autre part même les rapports conjugaux doivent être évités lorsque le groupe ou l'individu se trouve engagé dans une entreprise importante dont l'issue paraît incertaine (guerre, expédition de chasse, récolte). En deçà des diverses théories sur la prohibition de l'inceste[5] un trait commun ressort sous les

5. Voir chap. IV.

interdits sexuels : c'est qu'une règle sociale d'abstinence prévaut sur les impulsions du désir ; celui qui la transgresse devient impur ; il commet un sacrilège en mêlant ce qui doit rester séparé (constamment ou passagèrement) dans un acte intime touchant au corps, au sperme et au sang. Souvent viennent s'y associer d'autres privations d'ordre alimentaire (jeûne) ou communicatoire (silence).

Des interdits alimentaires complexes ont subsisté dans plusieurs religions — par exemple chez les israélites et chez les musulmans — alors qu'ils se sont considérablement réduits dans le catholicisme. On les voit ressurgir, assortis d'autres formes d'ascétisme, dans certaines sectes contemporaines. Plus spécialement, il apparaît que la pratique du jeûne s'est sécularisée en conservant sa fonction symbolique : jeûnes privés ou collectifs (grève de la faim) poursuivie au nom de valeurs supérieures que l'on estime bafouées.

3. **Les rites de purification,** eux aussi très variés, consistent à réparer les effets funestes d'un contact (direct ou indirect) avec l'impureté ; suscité soit par le toucher, soit par la vue, soit même par la parole, ou quelque médium ; car le risque s'étend par contagion à tout ce qui a pu être en contact avec l'être ou l'objet fauteur de trouble. Aussi les précautions et les démarches purificatrices sont-elles nombreuses, toujours chargées d'une signification symbolique plus ou moins évidente.

— *Rites d'ablution :* ils sont communs à toutes les cultures et à la plupart des religions pour « nettoyer » les souillures et rétablir l'état de pureté... Transmis du judaïsme au christianisme qui en a fait le premier sacrement, le baptême efface la tache originelle et introduit l'enfant ou le converti au sein de l'Eglise ; il peut être administré par aspersion ou par immersion — cette dernière étant encore pratiquée par quelques groupes baptistes. La cérémonie de la grand-messe est ordinairement précédée d'une aspersion d'eau bénite afin de purifier l'âme des fidèles et d'en écarter les tentations du Démon. L'hygiène peut être considérée en un sens comme une sécularisation des lustrations religieuses dont elle conserve souvent le caractère impératif et minutieux.

— *Rites de confession et de pénitence*, publics ou privés, ils visent à « décharger » le groupe ou la personne du poids de la faute. On sait que ces pratiques se sont maintenues jusqu'à nos jours, l'Eglise les ayant instituées elles aussi comme « sacrement ».

— *Rites d'inversion :* ils consistent à reproduire en sens contraire le geste ou l'événement jugé funeste afin d'en abolir les effets. C'est notamment le cas des rites de pollution mentionnés plus haut. Cette procédure se retrouve dans plusieurs pratiques de sorcellerie transmises de siècle en siècle.

— *Rites d'expulsions :* ils visent à transférer sur un objet, un animal ou une personne la faute et la souillure dont on veut purger le groupe. Ces rites sont liés plus ou moins étroitement au sacrifice. S'ils ne constituent plus une pratique proprement rituelle, ils ont en tout cas inspiré au cours des âges et jusqu'à nos jours des démarches d'exclusion violentes, réelles et symboliques : pogroms, exils, ghettos, ségrégations de toutes sortes.

Le célèbre rituel du *bouc émissaire* exposé dans le texte biblique du Lévitique (§ 16) combine des procédures très complexes combinant plusieurs des rites précités :

« Selon l'ordre de Yaveh à Moïse, Aaron (son frère) entrera dans le sanctuaire revêtu de lin, après avoir baigné son corps dans l'eau. Il recevra deux boucs, l'un destiné à Yaveg, l'autre à Azazel (démon du désert, alias Satan). Du sang du premier bouc il fera aspersion sur l'autel avec son doigt ; ainsi le rendra-t-il pur et sacré, séparé des souillures des enfants d'Israël... Puis il approchera l'autre bouc encore vivant, lui imposera ses deux mains sur la tête et confessera sur lui toutes les transgressions et les pêchés des enfants d'Israël. Après avoir ainsi chargé la tête du bouc, il l'enverra ensuite au désert sous la conduite d'un homme qui se tiendra prêt ; et le bouc emportera sur lui toutes les fautes et sera lâché dans le désert... » Ensuite Aaron et le conducteur à son retour auront à purifier dans l'eau leur corps et leur vêtement.

Mais on relève même dans le champ quotidien banal la présence de conduites superstitieuses fort voisines. Elles se manifestent électivement dans les situations de risques (maladies, dangers, examens, décisions graves) avec un jeu de précautions irrationnelles contre ce qui pourrait porter « malheur ». Le témoignage de personnes à haut risque (champion, acteur, joueur) vient confirmer une attitude assez largement répandue sur laquelle chacun de nous peut s'interroger. Les pratiques comportent des aspects triviaux d'évitement (échelles, côté ou sens de marche, cortège funèbre) et d'autres plus particuliers (gestes de conjuration, privations secrètes, formules...). Cela peut aller de la parenthèse discrète au cérémonial ostensible, qui tient à la fois du rituel magique et du rituel névrotique. Aussi bien en ce domaine, nous l'avons déjà dit, les seuils restent-ils incertains. Les mêmes soucis inspirent en tout cas ces démarches : expier quelque faute obscure, ménager quelque puissance occulte et même faire pression sur elle en notre faveur.

III. — Offrandes, prières, sacrifices

Les rituels précédents, au moins dans le cadre religieux, ne constituent souvent que des étapes préparatoires à d'autres conduites plus expansives, susceptibles d'établir un lien symbolique avec la divinité.

Le concept et la pratique des sacrifices sont extrêmement complexes et ont fait l'objet de multiples théories et controverses. On se bornera ici à dégager les diverses modalités du sacrifice en évoquant les conceptions de quelques auteurs (voir aussi chap. IV, § VI).

Le sacrifice est (électivement ou simultanément) un acte de piété, d'adoration, d'union, d'expiation et de propitiation. Il existe dans toutes les cultures.

1. Sa forme la plus simple est celle de **l'offrande (ou oblation)** faite aux dieux, aux morts ou aux saints sous des modes très variés : monuments culturels ou votifs plus ou moins importants, dons d'aliments ou de boissons (libations), objets ou essences précieuses, fleurs, cierges... On a souvent discuté du caractère plus ou moins primitif de ces offrandes. Quant aux morts, elles sont liées aux croyances en leur survie dans un monde occulte où ils peuvent éprouver des besoins analogues à ceux des vivants et aussi intervenir de façon tutélaire ou maléfique sur le destin du groupe. Quant aux dieux, il importe davantage encore de se les concilier[6] ; au-delà même de

6. Sur les rites dans l'Antiquité, voir notamment M. Meslin, *L'homme romain*, Ed. Complexe.

toute croyance anthropomorphique, lorsque les religions se spiritualisent, le rôle symbolique de l'oblation garde toute sa valeur. Quant aux saints ou aux esprits subalternes, il s'agit d'obtenir leur intercession auprès de Dieu ou des puissances supérieures. L'offrande des *ex voto* se poursuit encore dans les églises.

2. **La prière.** — La prière accompagne généralement l'offrande ou le sacrifice. Elle consiste en une invocation de caractère collectif ou privé pour obtenir directement ou indirectement la protection de la divinité et, plus globalement, entrer en rapport avec elle :

— appel direct lorsqu'on s'adresse explicitement à un dieu déterminé, dénommé ;

— appel indirect lorsqu'on s'adresse à une puissance obscure, inassignable, vers l'au-delà, l'occulte ; ou encore lorsqu'on recourt à l'intercession d'un personnage ; par exemple dans le christianisme : un saint, la Vierge Marie.

La prière peut avoir une intention défensive : écarter un mal ou un malheur pour soi-même ou pour les siens ; une intention positive pour la réalisation d'un vœu, mais elle peut venir aussi d'un élan subit vers la divinité (oraison jaculatoire).

Les rituels des prières ont le plus souvent un caractère collectif ; c'est le cas des prières publiques pour certains deuils ou devant certaines épreuves qui affectent la communauté (famine, guerre, fléaux divers). Les modes d'expression sont variées et oscillent entre une forme ostantatoire ou discrète, voire secrète. Dans le premier cas ressortent des pratiques gestuelles et vocales, prosternations, génuflexions, implorations, lamentations... Dans le second cas dominent les processus d'intériorisation et de spiritualisation ; selon la belle définition du mystique Grégoire de Nysse, la prière devient un échange confidentiel entre l'âme et Dieu.

Dans les sociétés laïques, déchristianisées, la prière n'est évidemment jamais ritualisée de façon explicite. Elle peut pourtant intervenir de façon latente dans certaines cérémonies, à l'occasion des phases de recueillement.

Au plan privé beaucoup d'adultes, au moment d'une épreuve ou d'une angoisse, retrouvent l'attitude et les paroles des prières de leur enfance. Même ceux qui n'ont pas reçu d'éducation religieuse peuvent dans ce cas émettre une imploration confuse. Mais il est encore plus frappant de constater, au cours d'une enquête européenne sur *Les valeurs du temps présent*[7] que les croyants et non-croyants déclarent « prendre quelques moments pour prier et méditer » ; et cela dans les proportions suivantes : catholiques 68 % ; protestants 51 % ; sans religion 26 % — soit un quart qui prient sans se référer à aucune église.

3. Sous toutes ses formes **la notion de sacrifice** implique d'une part la *privation* de quelque chose de précieux, d'autre part la *destruction* de ce qui est offert quelle qu'en soit la modalité : consommation, dispersion, combustion et surtout mise à mort, lorsqu'un être, animal ou humain, est sacrifié. Nous touchons ici à l'aspect le plus poignant du sacrifice, dont deux exemples ont marqué profondément notre patrimoine culturel : l'un biblique, le sacrifice d'Abraham ; l'autre héllénique, le sacrifice d'Iphigénie. Leur trait commun est de prendre pour victime de jeunes innocents dont les parents sont des chefs justes et puissants. Ainsi le sacrifice revêt-il toute son ampleur, lors même qu'il apparaît à la conscience moderne le plus injuste et le plus scandaleux. Il est vrai que dans les deux cas (dans la Bible et selon la tradition reprise par Euripide) un animal est substitué *in extremis* à la victime humaine.

Pourquoi une victime et pourquoi la plus pure possible ? De nombreux auteurs ont cherché réponse à ces questions.

7. Jean Stoztzel, PUF, 1983.

Selon M. Mauss[8], le sacrifice serait « un moyen pour le profane de communiquer avec le sacré par l'intermédiaire d'une victime », c'est-à-dire d'une chose consacrée, détruite au cours de la cérémonie. Il serait en effet dangereux d'entrer directement en contact avec le sacré.

Le choix d'un être pur et innocent constitue à la fois un plus grand sacrifice (au sens banal du terme) de la part du « sacrifiant » et une offrande plus digne et plus proche de la divinité. Et il importe que la victime succombe ; d'une part elle remplace le sacrifiant, elle le rachète ; d'autre part, selon J. Cazeneuve, elle contient le principe divin en tant qu'elle est consacrée ; mais l'esprit est encore engagé dans son corps et rattaché par lui au monde des choses profanes. La mort va l'en dégager en rendant ainsi sa consécration définitive.

Il faut en outre aménager les rapports avec le sacré grâce à des rites « d'entrée » et de « sortie » ; les premiers d'ordre purificatoire pour approcher la divinité ; les seconds d'ordre expiatoire, car pour nécessaire qu'elle soit, la mise à mort de la victime n'en constitue pas moins une sorte de sacrilège.

En toute occurrence le caractère violent et ambigu du sacrifice antique et archaïque pose, outre celui de sa fonction, le problème de son origine et de sa sublimation ultérieure dans la plupart des religions... Certains auteurs ont tenté d'y répondre, notamment S. Freud et R. Girard (voir chap. IV).

4. Les analyses précédentes s'attachent à ce qui constitue la partie oblative du sacrifice, par laquelle l'homme tend à s'unir au dieu et à le rendre à son tour quasi tributaire ; car le don engage celui qui le reçoit, fût-il invisible, dans un jeu de réciprocité.

Mais beaucoup de cérémonies sacrificielles comportent aussi une *phase communielle*, qui permet à l'homme d'assurer son lien avec la divinité en s'incorporant la substance de la victime ou des offrandes qu'il vient de lui consacrer. Là encore il faut ménager les transitions par des conduites spéci-

8. Essai sur le sacrifice, *in* Mauss, *Œuvres*, I, Ed. Minuit, 1968.

fiques (jeûnes, prières, décorations) précédant la consommation collective — qui renforce ainsi la solidarité des convives autour du dieu révéré.

Comme l'a souligné pertinemment J. Cazeneuve (bibl.) « le sacrifice est celui du rite religieux qui était le plus apte à se transformer pour réaliser de mieux en mieux la fonction essentielle de la sublimation religieuse... Depuis le sacrifice totémique au cours duquel l'animal sacrifié est mangé par les membres de son clan, jusqu'au rituel plus élevé du dieu qui se sacrifie lui-même pour renaître ensuite, comme c'est le cas dans les rites agraires »; jusqu'au sacrifice même de Jésus-Christ, l'Homme-Dieu.

Tel est le sens de l'Evangile selon saint Matthieu, lorsque Jésus dit aux apôtres : « Ceci est mon corps, ceci est mon sang... mangez et buvez : c'est le sang de l'alliance qui est répandu pour la rémission du pêché. » Phase culminante du sacrifice pérennisé par la Messe chrétienne avec la consécration des espèces, devenues par transsubstanciation corps et sang de Jésus offert à la communion des fidèles.

Il convient de souligner que dans le domaine profane le terme — et l'acte — de sacrifice ont gardé jusqu'à nos jours le sens de renoncement et d'effort ; qu'il s'agisse de promouvoir un projet ou de défendre des valeurs ; la sémantique reste éloquente : « on s'impose des sacrifices » pour ses enfants ou pour ses idées ; à la limite, un combattant ou un militant « fait le sacrifice de sa vie »; cela même si le caractère codifié du rituel s'est atténué, sinon effacé. Quant à la communion alimentaire, elle conserve son sens symbolique dans les fêtes et les manifestations de convivialité.

IV. — Rites de passage et d'initiation

1. **Dans les sociétés archaïques et traditionnelles** existaient un ensemble de cérémonies, et d'épreuves et de fêtes que le folkloriste A. Van Gennep (bibl.) a désigné sous le nom désormais classique de « rites de passage » dont il souligne la portée générale.

« Pour les groupes comme pour les individus, vivre, c'est sans cesse se désagréger et se reconstituer, changer d'état et de forme, mourir et renaître. C'est agir puis s'arrêter, attendre et se reposer pour recommencer ensuite à agir, mais autrement. Et toujours ce sont de nouveaux seuils à franchir : seuils de l'été ou de l'hiver, de la saison ou de l'année, du mois ou de la nuit ; seuil de la naissance, de l'adolescence ou de l'âge mûr, de la vieillesse, de la mort ; et seuil de l'autre vie pour ceux qui y croient. »

Van Gennep s'est consacré à explorer (ou à retrouver) les diverses modalités de ces rituels à travers des documents locaux, des traditions orales (récits et légendes) et l'observation de survivances encore nombreuses au début du siècle ; celles-ci combinent souvent des éléments sacrés et des éléments profanes, des motifs païens et chrétiens.

Les rites de passage concernaient soit un changement d'âge et de statut social des individus au cours de leur vie (naissance, puberté, mariage), soit des changements de période (nouvel an, saison, nouvelle lune) ou de lieu (passage d'un fleuve ou d'un col) soit même le franchissement d'un seuil (maison ou temple). Ils comportent généralement trois étapes : séparation, attente (ou marge), intégration. Changement et devenir sont sources d'une anxiété plus ou moins vive qu'il importe de conjurer pour la personne comme pour la société.

Les rituels visent à la fois à supprimer ou à compenser les impuretés du devenir (recours à l'eau, au feu, au sang ou à leurs symboles) et à réduire les déséquilibres liés au changement d'état. Ils comportent souvent des signaux mimétiques et symboliques illustrant ce qui est en train de se passer (par exemple l'enlèvement de l'épousée, la jonction des mains et l'échange d'anneaux entre les mariés) ; la maladie étant souvent traitée, elle aussi, comme une période de marge et assortie de rites spécifiques visant à la guérison, au retour à l'état normal.

On ne saurait toutefois réduire ces pratiques à la seule attestation d'un changement de place ou de statut. La plupart ont un rôle initiatique, c'est-à-dire de transmission d'une expérience et d'une connaissance nouvelle, d'un certain accès au mystère et au sacré.

Dans la société contemporaine la plupart de ces rituels se sont simplifiés et plus ou moins largement laïcisées. Certains sont tombés en désuétude en fonction de l'évolution des mœurs, des idées et des techniques — non sans carence grave — c'est le cas des rituels d'initiation masculins et féminins, ou de ceux qui régissaient les contacts entre les deux sexes. D'autres se sont maintenus, qui ponctuent la vie humaine de son début à son terme.

2. **Naissance.** — Dans les sociétés archaïques ces rituels étaient associés à un ensemble de croyances relatives à l'origine des enfants, souvent considérés comme la réincarnation d'un ancêtre ; car vie et mort étaient étroitement liées à travers les lignages matri- ou patrilinéaire.

Les rituels comprenaient des conduites symboliques de *purification* avant et après l'accouchement ; de *facilitation* en cas d'accouchement difficile ; de *propitiation* concernant le destin du nouveau-né et la mémoire de celui qu'il réincarnait. L'attribution du nom conférait au nouveau-né son identité et sa filiation.

Rites et croyances se sont perpétués en se transformant plus ou moins dans les grandes religions chrétienne et musulmane. Pour le christianisme, la cérémonie du baptême confère à l'enfant le signe de sa relation sacrale à Dieu et son appartenance à la communauté de l'Eglise. Cela avec l'aide et le contrôle du saint dont il porte le nom et de ses parrain et marraine. Dans la société traditionnelle un fond païen se mêlait souvent aux éléments chrétiens ; par exemple les légendes des bonnes ou mauvaises « fées » présidant aux naissances alternaient avec la croyance au rôle de « l'ange gardien » et parfois du démon personnel.

La pratique du baptême a notablement diminué depuis un demi-siècle. Mais même en se laïcisant, la naissance a gardé plusieurs aspects ritualisés, outre la règle officielle de déclaration à la mairie de la naissance de l'enfant et de son prénom :

— L'annonce faite aux amis et connaissances par voie de faire-parts ou communications dans les journaux ; les lectures de ces rubriques montrent qu'une tendance phratique et pédagogique pousse beaucoup de parents à y associer les enfants antérieurs. Ici une sorte de nouveau modèle vient broder sur le rite.

— L'organisation d'une fête familiale plus ou moins importante au cours de laquelle sont présentés des *vœux* et *cadeaux* pour l'enfant et des *félicitations* à ses parents en réunissant autour d'eux les meilleurs amis et voisins.

3. **Devenir adulte : rites d'initiation.** — Dans toutes les sociétés archaïques et traditionnelles le changement de statut des jeunes et leur progression vers l'état adulte était ponctué et attesté par un ensemble de rituels d'initiation plus ou moins complexes ; à leur issue le jeune était reconnu apte à se marier, à fonder une famille et à participer pleinement aux

activités sociales, rôles et responsabilités respectives des hommes et des femmes de la communauté.

Malgré ses variations culturelles, l'initiation primitive présentait de fortes convergences dans ses pratiques réelles et symboliques, notamment : une phase de rupture avec l'enfance et le milieu maternel ; une phase d'accès au statut adulte après un ensemble d'apprentissages et d'épreuves.

Les jeunes des deux sexes sont soumis à des retraites, des purifications, des probations. Pour les garçons l'initiation est collective ; elle comporte la révélation des origines du groupe, des êtres et des objets sacrés, l'exigence d'exploits, souvent des mutilations corporelles.

Ces dernières sont multiples et variables — depuis la circoncision (à quoi correspondait chez les filles la clitorectomie, encore fréquente dans certaines régions) ; pour les deux sexes sciage ou extraction de dents, perforations nasales ou auriculaires. Ces mutilations n'apparaissent pas comme une diminution mais plutôt, combinées aux autres épreuves, comme une sorte de seconde naissance, accès décisif à l'état adulte, en rendant l'individu conforme à l'archétype de son groupe social. Plus généralement, estime Durkheim (bibl.) par sa résistance à la douleur « l'homme se croit investi d'une sorte de maîtrise... il est plus fort que la nature puisqu'il la fait taire ».

L'initiation s'étend d'ailleurs sur un laps de temps plus ou moins long et s'achève par des rites de « sortie » significatifs ; par exemple un réapprentissage symbolique de la vie quotidienne : l'initié était censé avoir tout oublié, il ne savait plus marcher ni parler, retournait à son village à quatre pattes en bégayant, ne reconnaissait plus parents ni maison. Il convient donc de la « resocialiser ». Mais ce retour chez les siens avec le statut d'adulte est pour tous une fête qui se manifeste par des chants, des danses et des processions.

Pour les filles l'initiation est individuelle parce qu'elle commence généralement avec la première menstruation ; il s'agit essentiellement de les préparer à assumer leur rôle spécifique : la fécondité ; mais cela garde « entre femmes » un caractère secret. Comme pour les garçons, le symbolisme, notamment en Afrique, exprime la destruction de l'ancienne personnalité en vue d'une nouvelle naissance. Par exemple la fille est placée en position fœtale sous une couverture ; ou dans un trou d'eau (images matricielles), puis réapprend peu à peu gestes et paroles.

De récentes observations de terrain, là où sont encore vivaces les rituels d'initiation, ont montré que la ségrégation des sexes n'est pas absolue ; au cours des cérémonies leur complémentarité est souvent attestée ; par exemple par un jeu de dons et de contredons entre hommes et femmes, par le rachat des fils par les mères, parfois par une démarche initiatique ultime commune aux deux sexes.

En Occident, notamment en France, l'histoire des mœurs relève de nombreux rites d'initiation, presque exclusivement masculins et souvent solennels : par exemple la préparation des jeunes gens au métier des armes (chevalerie médiévale) et aux métiers de l'artisanat (compagnonnage). Ce dernier a conservé longtemps sa vitalité et se maintient encore autour de l'Association des Compagnons du Devoir du Tour de France.

Jusqu'au milieu du XXe siècle les frontières entre l'enfance, l'adolescence et l'état adulte étaient marquées au niveau privé par une suite de changements (subits ou progressifs) affectant la vie quotidienne ; notamment le contrôle parental, l'argent de poche, le costume (premier pantalon pour les garçons, premiers bas pour les filles). Parallèlement une série d'examens ponctuaient une scolarité débouchant plus ou moins tôt sur le métier et sur le mariage pour lequel il fallait avoir un « état » (expression qui a longtemps subsisté dans le monde rural).

Aujourd'hui il ne reste plus que quelques traces de rituels de « prise d'âge », clairsemées au cours de l'enfance et de la jeunesse et *excluant toute véritable rupture*. En France, l'entrée à l'école primaire ne présente plus la même portée initiatique autour de la sixième année ; la césure avec le cocon familial et l'expérience collective commencent deux ou trois ans plus tôt pour les enfants qui, en nombre croissant fréquentent l'école maternelle. Du moins inauguret-elle pour tous l'emprise des règles du travail scolaire (précédécs réellement et symboliquement par l'achat du premier cartable).

Au plan religieux la première communion garde une importance mais connaît une double régression, quantitative (comme les autres pratiques) et qualitative, car ses aspects profanes (repas, cadeaux) se renforcent sous une forte pression commerciale.

Cette évolution a des effets variés sur le plan personnel et social : extension notoire de l'aire de liberté et d'expression des jeunes ; *perte des repères* concernant leur propre statut d'âge et ses étapes ; ainsi s'installe une sorte de coinçage des jeunes entre le maintien prolongé d'une dépendance économique aux parents et une revendication d'autonomie souvent très précoce.

Ce déclin de la ritualité se manifeste également au niveau du système éducationnel, de l'école à l'université. Les cérémonies de rentrée des cours, de distribution des prix et des diplômes, les symboles vestimentaires et emblématiques, les associations d'élèves et d'étudiants tendent à disparaître en France alors qu'ils restent encore vivaces dans les pays anglo-saxons. Pour autant qu'ils gardaient leur sens, ces rituels contribuaient à la transmission d'une culture et d'une idéologie où les centres d'éducation s'intégraient dans leur contexte local sans s'y aliéner.

Dans les grandes écoles des épreuves de « bizuthage » imposées par les anciens marquaient l'intégration des nouveaux élèves à la communauté. Depuis vingt ans elles disparaissent ou s'émoussent. On ne saurait regretter l'effacement de rituels qui ont pu servir d'alibi à de sinistres brimades ; mais il ne faut pas non plus les y réduire, car elles peuvent être vécues par la plupart des acteurs comme une épreuve initiatique.

On observe d'ailleurs aujourd'hui une grande ambiguïté dans les attitudes des jeunes : d'une part résistance aux déterminations bureaucratiques de l'école et aux routines vides de sens ; d'autre part recherche confuse de conduites et de symboles exprimant leur identité collective, au niveau du langage, du costume et de certaines résurgences festives comme le carnaval.

4. **Rites matrimoniaux.** — A toutes les époques le mariage a fait l'objet de cérémonies et de fêtes plus ou moins importantes. L'union des époux et la fondation d'un foyer est en effet un acte social qui concerne la collectivité dans son ensemble et dans la diversité des groupes dont les « futurs » sont membres : groupements locaux (clans, villages, quartiers), groupes familiaux en lignes paternelle et maternelle ; classes d'âge et de sexe, communautés des fidèles, corporations professionnelles.

C'est pourquoi le mariage revêt toujours une forme institutionnelle, d'abord religieuse, puis laïque, et implique une sacralité. Ces caractères s'expriment par un ensemble de rituels dont certains, même affaiblis, ont subsisté jusqu'à nos jours.

C'est dans les sociétés archaïques et traditionnelles, relevant de l'ethnologie et des folklores, que ces rites apparaissent dans leur plénitude avec tout leur sens symbolique ? Comme l'initiation, ils comprennent à la fois des rituels de séparation et des rituels d'agrégation souvent reliés par une période de marge entre les deux états, les « fiançailles », qui s'intercalent entre mariage et célibat.

Les *rites de séparation* visaient à maintenir un certain équilibre en compensant la perte de la personne qui quittait son clan ou sa famille : telle est la fonction des pratiques de « rachat », de cadeaux, prestations ou réceptions en faveur du groupe qui perd un de ses membres — même s'il contracte une alliance profitable avec le groupe dont le conjoint est issu.

Parfois la résistance du milieu lésé s'exprimait par des rituels de rapt ou d'enlèvement ou d'enjambement d'obstacles et de barrières ; en mimant symboliquement la séparation, le rite visait à attester et à maîtriser l'événement.

Mais au trouble causé par le mariage se mêle la joie et les promesses de la nouvelle union ; c'est ce que traduisent bien les *rites d'agrégation* qui régissent les mariages dans toutes les cultures.

Le folklore français est particulièrement riche à cet égard : ces rites suivent un processus précis avec des étapes et des reprises : embrassades collectives ou sélectives à plusieurs moments de la noce ; marques de bienvenue aux invités sous forme de collations et de distributions de rubans ou de cocardes, cependant que la future, aidée de ses parentes ou filles d'honneur procède à la toilette de mariée (couronne, voile et ceinture dont le nœud illustre l'union).

Le départ de la mariée vers l'église était organisé en cortège selon un protocole assez strict, mais variant selon les provinces ; cheminement parfois compliqué jusqu'à l'église ; présentation devant l'autel, messe nuptiale, échange des anneaux se succèdent. A la sortie de l'église, avant ou après les félicitations, intervenaient souvent des libéralités rituelles (par jet de grains, pièces ou dragées), tantôt venant de l'assistance selon un vœu de fécondité, tantôt venant des époux selon un geste convivial surtout destiné aux enfants.

Aussi bien allait-on partager ensuite le repas de noces ; il pouvait rassembler plus de cent personnes, en réalisant une sorte de communion alimentaire autour d'un menu généreux et dans une atmosphère de liesse, émaillée de farces gaillardes. La noce se poursuit par un bal et se prolonge souvent le lendemain avec des pratiques subsidiaires à connotations sexuelles et procréatrices.

Ces fastes avaient un caractère ostentatoire ; ils rappellent la coutume primitive du *potlacht* selon laquelle les chefs de clans manifestaient leur puissance en rivalisant par les dons et les festins.

Les cérémonies matrimoniales se sont beaucoup simplifiées, surtout en milieu urbain. La proportion de mariages religieux n'atteint plus que les deux tiers environ des mariages civils et la nuptialité est elle-même en baisse sensible depuis une dizaine d'années. L'union des époux tend à devenir affaire privée, voire intime, où familles et groupes sont moins impliqués, tout en gardant souvent un reste de sacralité.

5. **Deuils et rites funéraires.** — Le décès d'un membre du groupe s'accompagne toujours et partout de cérémonies plus ou moins importantes.

Ces rituels de deuil sont associés à un ensemble de croyances concernant le passage entre la vie et mort ; plus précisément le devenir des défunts et les rapports qu'ils ont eu ou qu'ils peuvent encore entretenir avec les vivants. Mais ces rituels expriment aussi la perte douloureuse ressentie par les proches, les amis, les voisins, les représentants de leur communauté : village, ville, parfois le pays tout entier.

Les pratiques funèbres ont donc des fonctions multiples : respect, attachement, ménagement ; car lorsqu'on confère au défunt une forme de survie ou d'influence posthume, il s'agit de l'honorer assez pour mériter sa protection ou en tout cas éviter sa vengeance. Car on peut ressentir à son égard une sorte de culpabilité si l'on pense ne point l'avoir suffisamment aimé ou soigné ; alors les rites de deuil peuvent contribuer à préparer ces carences et à rassurer les vivants ; cela, qu'il s'agisse de croyances bien définies sur l'au-delà ou de sentiments confus, souvent inavoués.

En résumé le deuil a une fonction de transition et de régulation pour les vivants comme pour les morts, en ménageant le trouble social causé par le décès et le trouble affectif vécu par les proches.

Selon les époques et les cultures ces rites ont pris des formes variées. Les plus célèbres concernent le culte des morts dans l'ancienne Egypte. Les cérémonies actuelles aux Indes et en Afrique sont encore très imposantes. En Occident certaines régions rurales conservent des traditions funéraires notoires (Corse).

En ville les cérémonies se sont aujourd'hui considérablement simplifiées, sans toutefois disparaître. Le deuil de personnalités locales et nationales donne lieu à des manifestations solennelles.

Certains rites étaient encore très vivaces jusqu'au milieu du siècle : toilette et veillée mortuaires, habits de deuil — du grand deuil au demi-deuil — retrait social, notamment pour les femmes. Seules subsistent certaines manifestations religieuses ou laïques : messes, bénédictions, adieux devant la tombe, fêtes de Toussaint.

Mais globalement les relations des vivants aux mourants et aux morts se sont gravement distanciées par suite de l'évolution technique et culturelle. L'hôpital d'une part, les institutions de pompes funèbres d'autre part, éloignent le grand malade, puis le cadavre de ses proches et prennent en charge la gestion de la mort.

Une tendance se fait jour pour réactiver les rituels funéraires sous le nom de « thanatopraxie », de « funérarium » ou d' « athanée ». Selon certains sociologues[9], ces pratiques même commercialisées, visent à répondre aux exigences complexes de l'homme moderne ; celle de l'hygiène et du respect dû au mort. Elles procèdent en effet à une conservation ou à une restauration du cadavre en lui rendant l'aspect qui fut le sien ; et aussi en offrant aux parents et amis un lieu de rencontre et de méditation avant l'enterrement ou la crémation.

La différence avec les rites traditionnels reste très significative : c'est l'évitement du contact (jadis familier) avec les morts. Ce ne sont plus ses parents qui assurent pieusement de leurs mains la toilette funèbre ; ils ne viennent que saluer le cadavre aseptisé exposé au funérarium. Mais on peut retrouver toutefois dans cette visite un substitut de la veillée mortuaire collective au domicile du défunt.

6. **En certains domaines,** on peut parler avec C. Pitt Rivers (bibl.) d'une sorte de *revanche des rituels* dans l'Occident contemporain ; car notre société qui se veut technique et rationnelle perçoit mal les rites qu'elle engendre et occulte leur portée symbolique. Ce chercheur prend l'exemple du *voyage international*

9. L. V. Thomas, *Mort et pouvoir*, Ed. Payot.

aérien qui constitue un rite de passage séculier — anticipant à ce titre sur le chapitre suivant. N'est-il pas frappant que pour une entreprise dont le but pratique est la rapidité, on ait multiplié (bien avant le terrorisme) des conduites aussi coûteuses en temps : cars spéciaux, appels réitérés, double contrôle des passeports, salle d'attente après douane, accueil et prise en charge par des hôtesses, soins nourriciers après l'épreuve du décollage... Tout cela aide le passager à s'adapter à son état transitoire et lui fait saisir l'importance du franchissement d'une frontière. A l'aéroport d'arrivée le rituel se répète en sens inverse avant le retour au milieu terrestre.

Outre sa fonction pratique, le voyage aérien international réalise donc un changement de statut des personnes : les « nationaux » qui rentrent chez eux cessent d'être des « étrangers » ; ceux qui partent le deviennent. Par la ritualisation de ce passage, on consacre la notion d'Etat-nation ; on maintient un certain essentiel des sujets en transit et des pays d'origine : celui de la nationalité.

V. — Rites festifs

1. **Expression joyeuse et célébration.** — Beaucoup de rites ou de segments de rites évoqués précédemment expriment le respect du sacré. Ils contribuent à prévenir le désordre, à régir les états critiques, à maintenir chacun à sa place. Ainsi faut-il assurer les grands passages de la vie, l'accès aux statuts, la dignité des personnes et des valeurs, le culte des dieux et des chefs. En ce sens les rites visent à empêcher ou à racheter les actes sacrilèges qui peuvent survenir, ils prescrivent des règles concernant la vie religieuse ou quotidienne en s'exprimant sur le registre du *sérieux*.

Mais il faut aussi par moment rajeunir le système, recréer et non plus seulement conserver ; c'est à quoi pourvoit la fête qui s'exprime sur le registre du *joyeux*, dans le cadre même du rituel. On l'a ainsi vue associée à certains moments-clefs comme la naissance, la fin de l'initiation, le mariage. Il s'agit de célébrer les événements majeurs de la destinée.

La fête présente un double aspect cérémoniel et divertissant ; elle suppose un rassemblement, source d'animation et même d'excitation ; elle repose généralement sur une tradition tout en permettant une rupture de la continuité quotidienne.

Durkheim le premier a souligné l'expansivité potentielle de tout groupe rassemblé, fût-ce même dans un cadre liturgique : « L'état d'effervescence où se trouvent les fidèles se traduit nécessairement au dehors par des mouvements exubérants qui ne se laissent pas facilement assujettir à des fins étroitement définies. Ils s'échappent en partie, sans but, se déploient pour le seul plaisir de se déployer, se complaisent en des sortes de jeux... Aussi s'expose-t-on à des mécomptes quand, pour expliquer les rites, on croit devoir assigner à chaque geste un objet précis et une raison d'être déterminée. Il en est qui ne servent à rien ; ils répondent simplement au besoin d'agir, de se mouvoir, de gesticuler que ressentent les fidèles. »

Cette exubérance s'exprimait électivement dans les sociétés archaïques et antiques par des danses — et notamment des *danses masquées*, au cours de cérémonies festives.

Mais celles-ci n'étaient nullement gratuites ; elles comportaient toujours un cadre et un symbolisme rituel plus ou moins pointilleux ; quant aux figures de danses, aux événements mythiques mimés et célébrés, au choix et au port des masques (élaborés et conservés par des sociétés initiatiques). Ces masques représentaient des dieux, des démons ou des ancêtres et dissimulaient l'identité des danseurs à qui ils étaient attribués cependant selon une hiérarchie et une finalité complexes[10].

La danse masquée favorisait à la fois une identification aux personnages et aux scènes mythiques, une exaltation fusionnelle,

10. Sur le symbolisme et l'évolution des masques consulter J.-T. Maertens, *Le masque et le miroir*, Aubier.

et aussi une marge d'improvisation propre aux contacts érotiques. Ces aspects (surtout le dernier) ont trouvé leur prolongement jusque dans les bals masqués des sociétés modernes.

En liaison avec le divertissement, la fête présente une dimension *économique* significative. Les jours fériés excluent tout travail depuis l'Antiquité jusqu'à nos jours selon des prescriptions religieuses ou légales. Non sans souci pour les petites gens, le nombre des journées chômées dépassait encore 80 vers 1800 ! Et à toute époque la fête se caractérise par une sorte de gaspillage ostentatoire, parfois compétitif, qui « consume »[11] une portion appréciable des richesses sans aucun but pragmatique ; dons ou échanges plus ou moins somptuaires sous forme de festins, cadeaux, parures, jouets... Cette convivialité réelle et symbolique subsiste encore aujourd'hui dans un cadre plus intime que jadis : famille, amis, groupes d'affinités.

2. **La transgression festive : sa problématique.** — La plupart des fêtes sont périodiques et annuelles. A l'origine il s'agissait de fêter tantôt un phénomène saisonnier lié au travail (moisson, vendanges, foires commerciales) ; tantôt un événement militaire de portée nationale ou locale (délivrance d'une ville, résistance héroïque, armistice) ; très souvent encore on fêtait l'anniversaire du saint patron de la paroisse et les temps forts de la liturgie religieuse : Noël, la Semaine sainte, l'Ascension, l'Assomption). Le *Carnaval* qui précède la période d'abstinence purificatrice du Carême est sans doute le plus révélateur du sens de la fête ; il constituait et constitue encore là où il subsiste un rituel d'inversion et de transgression festive.

11. G. Bataille, *La part maudite*, Ed. Minuit.

Car la fête s'exprime volontiers par une sorte de désordre généralisé : rupture des normes et des interdits (notamment sexuels), excès (ripailles et beuveries), renversement des rôles et des attributs (en matière de pouvoir et de costume), annulation et parodie de l'autorité et de la vertu, gaspillages de toutes sortes.

Dans les « saturnales » romaines les esclaves mangeaient à la table des maîtres transformés en serviteurs. Dans d'autres festivités les femmes commandaient aux hommes et les jeunes aux adultes. Des vestiges de ce « monde à l'envers » se retrouvent dans certaines scènes du Carnaval où un mannequin figurant un roi grotesque est promené dans la foule et finalement brûlé ou noyé. Ces parodies florissaient au Moyen Age avec les fêtes des Fous et des Innocents.

C'est d'ailleurs pourquoi certaines fêtes furent souvent suspectes au pouvoir religieux ou temporel et furent parfois interdites ou clandestines. Mais le plus souvent l'autorité les tolère, soit qu'elle ne puisse les empêcher, soit qu'elle les considère comme une soupape permettant de libérer ponctuellement les pulsions sexuelles et agressives.

C'est la fonction même de la ritualité de définir *les étapes et les limites de la fête* : lieux, cortèges, costumes, gestes, consignes générales dans le cadre desquelles toute licence est permise, sinon approuvée. En ce sens le rite vient en quelque sorte légitimer l'orgie, dès lors qu'un terme temporel est fixé au désordre. Aussi faut-il rappeler la frappante définition que Freud a donné de la fête : « Un excès permis, voire ordonné, une violation solennelle d'un interdit. »

Les diverses théories de la fête s'accordent sur l'importance d'une libération du désir et de la transgression ou de l'inversion des règles sociales ; mais elles mettent l'accent tantôt sur le cadre rituel qui englobe ses excès, tantôt sur le dérèglement même et sa possible illimitation.

Selon R. Caillois (bibl.) la fête attesterait de la

validité des normes de la vie courante par ses dérèglements mêmes, dès lors qu'elle est ritualisée. Elle symboliserait un retour sporadique au chaos originel, source de régénération ; le même auteur insiste sur l'*ambiguïté du sacré*, la réversibilité du pur et de l'impur, l'accès à un « sacré de transgression » à travers l'exaltation, la débauche et la promiscuité.

Cette conception est d'autant plus séduisante qu'elle vient combler une sorte d'aspiration nostalgique car de telles fêtes, conjuguant transgression et transcendance n'existent plus. Beaucoup de gens ont le sentiment d'avoir perdu un patrimoine précieux lié à de puissantes émotions collectives, alors que la massification urbaine et les conditionnements techniques engendraient morosité et solitude.

Cette sorte d'impasse oriente certains auteurs vers une troisième voie : ni retour impossible au passé, ni résignation à la fadeur, mais ouverture à la « fête subversive ». Pour J. Duvignaud[12] la fête serait « trans-sociale », le cérémonial étant moins important que l'entraînement collectif qu'il suscite ; c'est la réduire que de lui assigner une fonction de soupape, elle est pure gratuité et irrationnalité.

Cette position peut encore se radicaliser dans un sens à la fois anomique et idéologique. Selon D. Grisoni[13] la vraie fête n'est possible qu'en excluant tout rituel ; elle ne saurait être qu'en rupture violente avec le quotidien, surgie irruptivement par hasard. Elle déréalise le réel socialisé d'un groupe pour lui substituer un réel imaginaire modelé selon son désir, procédant ainsi par dissolution du symbolique plutôt que par transgression de l'ordre. En face de ce nouveau style (illustré par Mai 68) la fête traditionnelle régulatrice et compensatoire serait plutôt une « contre-fête ».

Ces conceptions sont discutables ; car elles reposent en partie sur une confusion entre rite, règle et répression — aux dépens de l'aspect structurant et symbolique du cadre rituel. Il est inexact

12. *Fête et civilisation*, Weber, 1974.
13. In *Revue Autrement*, La Fête cette hantise, nov. 1976.

de dire que l'acteur festif ne tienne plus de rôle, qu'il perde ses liens de socialité et que son acte devienne « asignifiant ? » Souvent la transe possède un sens mystique et une portée sacrale[14] ; enfin qui décrètera quelle fête est la vraie ?

Certes, beaucoup d'interdits culturels ayant perdu aujourd'hui leur force contraignante, la transgression devient de plus en plus difficile à cerner... et à perpétrer... Ira-t-on toutefois jusqu'à penser avec J. Baudrillard que « c'est fini pour nous, la transgression aujourd'hui ne veut plus rien dire puisqu'il n'y a plus de barre ni de loi non plus »[15]. Certains signes permettent d'en douter.

3. **La fête moderne.** — Qu'en est-il effectivement des fêtes aujourd'hui ? L'étude d'A. Villadary (bibl.) dégage une triple évolution : quant au sens, on tend à passer de la « fête-essence », ritualisée, sacralisée, à la « fête-loisir » profane et plus ou moins intégrée à la vie quotidienne ; quant au temps, la « fête-période » avec son moment et son style propre de célébration religieuse ou civique est souvent relayée par la « fête éclatée », brève, centrée sur une attraction, une vedette, ou réduite à une manifestation culturelle ou ludique (banquets, bals, galas, parties...) ; quant aux attitudes, la participation et l'exaltation collectives laissent place à une forme de consommation quasi passive devant un « spectacle ». Bref aux rites originels qui se référaient au sacré se sont substitués peu à peu des modèles de caractère médiatique : animation, jeux, concours, tous assortis de supports technologiques.

Pourtant certaines fêtes traditionnelles gardent une forte ritualité : c'est le cas de Noël (avec un accent familial, centré sur l'enfance) ; du Jour de l'An (avec un accent plus profane et public) ; de Pâques, la fête joyeuse, ou de cette seule fête triste qu'est celle des Trépassés (Jour des morts).

14. Bastide, *Le rêve, la transe et la folie*, Flammarion.
15. Dans *Violence et transgression,* Anthropos.

A un niveau régional ou communal, très diversifié, les fêtes commémorent un saint patron, un événement ou un personnage localement célèbre. Il arrive que la population tout entière participe à une reconstitution théâtralisée et retrouve un élan re-créatif au double sens du mot[16]. Plusieurs initiatives plus ou moins récentes sont empreintes d'une sacralité intense, inspirée par la foi et le besoin d'échanges : c'est le cas notamment des rencontres internationales et œcuméniques de jeunes chrétiens autour de la communauté de Taizé en Saône-et-Loire. Elles peuvent unir la tradition religieuse et le souci de renforcement de l'identité locale, comme les pèlerinages de Saint-Rouin (Marne) et de Saint-Junien (Haute Vienne).

D'autres festivités ont une vocation artistique de niveau élevé : c'est le cas des « festivals » de théâtre ou de musique tels ceux d'Avignon, d'Aix, de Nancy, qui réunissent pendant deux semaines des créateurs et amateurs ; les uns poussent parfois les autres à participer à des scènes improvisées s'apparentant au *happening*. La nostalgie festive peut alors devenir un vécu actuel où se retrouve la ferveur communielle des assemblées d'antan.

VI. — Les rites religieux aujourd'hui

1. **Une enquête européenne,** consacrée aux « valeurs du temps présent » élaborée et synthétisée sous la direction de J. Stoetzel (bibl.) apporte divers éléments globaux et spécifiques sur les attitudes religieuses — mais davantage en matière de croyances

16. Un ouvrage intitulé *Fêtes en France*, Ed. Chêne, est consacré à décrire et illustrer une trentaine de ces manifestations festives encore vivaces ou revivifiées.

que de pratiques. Il apparaît d'abord que plus de 60 % des personnes consultées (l'échantillon portant sur 9 pays) déclarent avoir « une certaine religion » et conservent — qu'ils se disent croyants ou incroyants — des valeurs judéo-chrétiennes, sans en avoir toujours claire conscience. D'autre part les tendances religieuses diffuses ne coïncident pas avec les déclarations expresses de croyances ni de pratiques, ni celles-là entre elles ; en effet environ 20 % de gens qui se disent religieux n'appartiennent à aucune église officielle ; plus d'un tiers négligent les rituels et 10 % déclarent même ne pas croire formellement en Dieu.

Qu'est-ce donc en Europe que se dire religieux ? C'est d'abord, selon les résultats de l'enquête : « avoir besoin de Dieu » et plutôt « d'un Dieu personnel ». C'est aussi « prendre du temps pour se recueillir, méditer ou prier ». Ces attitudes sont frappantes et doivent être mises en rapport avec la satisfaction mitigée exprimée envers les institutions ecclésiastiques (50 % d'opinions positives) ; soulignons l'ambiguïté de ce partage : d'une part dans une Europe dont on déclare qu'elle se laïcise invinciblement les Eglises conservent un niveau de confiance appréciable. Mais d'autre part, la moitié des gens les récusent, soit qu'ils les jugent négativement, soit qu'ils aspirent à des rituels répondant mieux à l'expression de leurs besoins. Nous allons voir les aspects et les effets de ces contrastes.

2. **La réduction des pratiques traditionnelles en France.** — Un premier constat s'impose de façon massive : alors que 70 % des Français se déclarent catholiques, 12 % seulement assistent régulièrement à la messe du dimanche ; 6 % au moins une fois par mois ; pour les autres la pratique est nulle ou

exceptionnelle. L'estimation des pratiquants réguliers s'élevait à 30 % en 1960, à 20 % en 1970 ; il s'agit donc d'une réduction considérable et continue depuis un quart de siècle, présentant toutefois de fortes variations régionales et catégorielles et dont le seuil semble actuellement atteint.

Les enquêtes sur l'état et l'évolution des pratiques religieuses sont d'ailleurs difficiles à comparer et à interpréter ; tantôt il s'agit de données factuelles approximatives établies à partir des paroisses et diocèses (*Atlas de la pratique religieuse des catholiques*, bibl.), tantôt il s'agit de sondages effectués sur la demande d'organismes divers[17] ; en ce cas la disparité de la formulation des questions rend les confrontations délicates.

En matière de *sacrements* la résorbtion est corrélative à celle de la pratique dominicale mais moins spectaculaire. Pour les baptêmes, en vingt ans (de 1958 à 1978) le taux par rapport aux naissances passe de 90 % à 70 % et la baisse se poursuit en même temps que s'élève l'âge des enfants baptisés. Quant au mariage, la chute affecte depuis 1970 aussi bien l'engagement civil que religieux ; il reste qu'en 1980 sur trois mariages à la mairie presque deux étaient suivis du mariage à l'église. La proportion est un peu inférieure pour les enterrements religieux.

Un récent sondage de la SOFRES (1986) montre qu'une nette majorité de Français continue à se déclarer croyants par conviction ou tradition (56 % — dont 30 % se disent expressément « convaincus », score assez élevé). Car la marge reste grande entre l'expression d'une croyance et l'intensité de l'adhésion : un quart des catholiques eux-mêmes s'avouent incertains ou sceptiques.

Quelques études monographiques approfondies confirment le niveau de cette évolution quantitative et précisent la portée qualitative. C'est le cas du

17. J. Sutter, *La vie religieuse des Français à travers les sondages d'opinion*, CNRS, 1984, religion étant pris au sens le plus large englobant les références aux églises traditionnelles, aux nouveaux courants, aux sectes et même à la magie ou à la parapsychologie.

village breton de Limerzel[18]. Dans cette sorte de « civilisation paroissiale » le catholicisme constitue un système global d'attitudes et de certitudes à la fois religieuses, morales, sociales et politiques, inculquées dès l'enfance dans la famille, à l'église, à l'école. Il fournissait les repères et les rituels religieux et séculiers qui ordonnent la vie quotidienne, règlent les relations et définissent le rapport à la vie et à la mort, à la souffrance, à la fête et au travail. La fidélité religieuse y était vécue sous le contrôle vigilant du clergé. Jusqu'aux environs de 1960 la pratique religieuse se maintient à un niveau très élevé mais elle tombe progressivement à 55 % en 1975 (73 % de femmes, 40 % d'hommes) et à 35 % aujourd'hui, en affectant surtout la jeunesse. L'année liturgique, autrefois ponctuée de rites agraires, de fêtes et de processions se rétrécit sans cesse.

Comment mieux saisir que dans cet exemple, note D. Hervieu-Léger (bibl.) la déchirure qui vient de s'opérer en quelques années ; cette réduction de la religion devenue un domaine d'options individuelles et non plus d'évidences collectives. Un clergé partiellement désacralisé s'adapte bon gré mal gré à ce monde où la religion n'apparaît plus prioritaire et obligatoire même si elle continue à jouer un rôle important.

Parallèlement à ces processus *le recrutement du clergé* subit une crise considérable qui semble toutefois atteindre un palier. De 40 000 en 1960, le nombre des prêtres descend à 30 000 en 1980 mais avec un taux élevé de vieillissement, puisqu'un prêtre sur six aurait moins de 40 ans et un sur trois plus de 65 ans.

Ces prêtres se partagent entre traditionnalistes (parfois « intégristes ») réformistes et radicaux ; les uns se référant d'abord ou encore au culte et aux sacrements, les autres voulant « partir de la

18. Y. Lambert, *Dieu change en Bretagne* (de 1900 à nos jours), Ed. Cerf.

vie » et des problèmes des hommes d'aujourd'hui ; mais la plupart tendent à lutter contre les formes purement conventionnelles de la religion et à régénérer les significations sacramentelles.

Les études semblent révéler certains écarts entre conduites et croyances : pour les sacrements la pratique dépasse sans doute assez largement la croyance — à l'inverse de ce qui se produit pour l'assistance aux offices. C'est qu'en matière de rites de passage, l'Eglise remplit une fonction sociale indéniable et quasi exclusive ; le rite reste le moyen le plus tangible de solenniser les temps forts de la vie ; il n'implique pas forcément une adhésion globale à la communauté catholique, moins encore à la doctrine de l'Eglise ; mais il permet de retrouver une sacralisation que l'on ressent de plus en plus menacée par la vie moderne.

3. **Des causes et des effets.** — La crise religieuse et la sécularisation qui se sont accélérées depuis le milieu du XXe siècle tiennent-elles à l'évolution culturelle globale ou à un clivage du catholicisme ? Quels sont les rapports de la religion à la modernité ? Dans quel sens a évolué le style des rituels et de la liturgie ?

Plusieurs chercheurs ont exploré ces problèmes, notamment F. Isambert (bibl.). Le déclin du catholicisme en France et le malaise actuel dans l'Eglise pourraient relever de deux hypothèses différentes ; l'une voit dans les transformations de la société moderne la source d'une déchristianisation qui correspond à l'ébranlement général des valeurs traditionnelles, à l'urbanisation et à l'isolement corrélatif du clergé vis-à-vis des masses. L'autre hypothèse situe le conflit au sein même de l'Eglise où un courant moderniste aurait pris le pouvoir à la faveur du Concile Vatican II et tendrait à écarter du culte et des sacrements des masses populaires qui restaient attachées à leurs traditions et au prestige des rituels. Il est d'ailleurs probable que tous ces facteurs se sont conjugués pour réduire le rôle des rites et pour modifier la forme de la liturgie.

Un cas significatif est celui du passage du sacrement traditionnel de « l'Extrême-Onction » à celui de l' « Onction des Malades » ; il traduit un souci d'occultation partielle de la mort (déjà par son changement de nom) mais il risque d'entraîner aussi certaines frustrations. En effet les nouvelles formules (« Qu'il vous sauve et vous relève ») mettent l'accent sur l'aide par la grâce et le réconfort « ici-bas » autant que sur le salut « au-delà ». Certes on tend ainsi à lier étroitement les plans spirituel et corporel dans une sorte d'unité psychosomatique de l'action sacramentelle ; mais peut-être aux dépens de la délivrance catégorique d'un passeport pour l'éternité que le sens commun attribuait au viatique traditionnel. Ainsi la pensée ecclésiastique se chercherait un chemin entre l'effet surnaturel et l'effet psychologique[19].

L'évolution concerne d'ailleurs tous les rituels de pénitence qui sont reliés aujourd'hui très étroitement à une liturgie de la *réconciliation* et qui offrent l'option entre une démarche individuelle ou collective pour la confession comme pour l'absolution. Parallèlement le rôle des prêtres vis-à-vis des pénitents tient moins de la direction de conscience que de l'aide et de « l'accompagnement » spirituels.

Enfin sont proposées des célébrations non sacramentelles pouvant permettre aux chrétiens que leur situation publique prive de l'Eucharistie (par exemple les divorcés remariés) de se joindre à une démarche communautaire ecclésiale.

On observe que tous ces traits correspondent à l'ébranlement global des modèles rigoristes d'autorité au profit d'une relation plus « familière » tant avec Dieu qu'avec le clergé et les autres fidèles. On pourrait aussi estimer que la sécularisation atteint l'Eglise elle-même en l'incitant à modifier sa liturgie et ses rituels en fonction d'une évolution générale des valeurs et des exigences spirituelles.

Mais sur un plan eschatologique on assiste, comme

19. Isambert F., *Rite et efficacité symbolique*, éd. Cerf.

le note D. Hervieu-Léger, à une transformation de toute l'économie du salut : la notion d'épreuve expiatoire et de sacrifice tendent à s'effacer en même temps que la problématique jadis dominante du péché et de la rédemption. Conduites et témoignages des fidèles montrent que l'accent est mis désormais, surtout chez les jeunes chrétiens, sur la relation affective avec Dieu comme source d'épanouissement de la personne et d'enrichissement des relations à autrui.

Cette inflexion déplace le catholicisme vécu vers une sorte d'humanisme transcendant étayé sur une multiplicité de nouveaux mouvements religieux.

4. **Des pratiques novatrices en milieu effervescent.** — Ces mouvements, d'abord apparus autour des années 65-70 aux Etats-Unis se sont aussi développés en Europe dans les milieux catholiques et protestants sous le signe du « renouveau charismatique ». Il s'agit de groupes accueillant un nombre variable de participants ; ils se réunissent une fois par semaine, le soir en général, en conjuguant prière et méditation communes (étayées sur la lecture de textes bibliques et ponctuées de chants) avec des formes d'expression spontanée qui peuvent s'apparenter à de nouveaux rituels.

Le groupe de prière se réfère d'emblée à une parole de saint Paul : « Nous ne savons pas comment prier mais l'Esprit lui-même vient prier pour nous. » On peut ainsi accéder à « l'Effusion de l'Esprit », qui n'est pas un sacrement ni un rite à proprement parler mais une démarche à la fois personnelle et collective vers un renouveau spirituel, un « chemin neuf ». La prière qui appuie cette attente s'accompagne souvent d'un geste qui tient une grande place dans l'Ancien et le Nouveau Testament : l'imposition des mains, signe symbolique de bénédiction, réconciliation, voire guérison.

Au cours des séances les participants pratiquent non seulement la libre parole sous forme d'invocation ou de témoignages directs, mais parfois un mode d'expression non verbale, vécu comme inspiration de l'Esprit : la glossolalie.

Les *glossolales* consistent en émissions vocales improvisées par une ou plusieurs personnes, sous forme de syllabes et onomatopées non articulées en phrases. L'initiateur des sons parle ou chante en un langage proprement original. Celui-ci peut être l'objet d'interprétation à chaud par certains participants mais s'est avéré irréductible aux analyses phonétiques et linguistiques pratiquées sur des enregistrements.

Les glossolales relèvent de « l'effusion » précitée qui cherche à se communiquer à un groupe entrant plus ou moins en résonance. Ces séquences visent sans doute à exprimer et à résoudre des problèmes axiologiques et existentiels ; elles s'accompagnent chez les acteurs d'un profond sentiment de bien-être, lié au sens religieux littéral (le Saint-Esprit meut nos langues), ou d'un sens élargi (en parlant ainsi nous ne faisons rien qui nous divise). Il s'agit là d'un *charisme* spécifique en tant que grâce, don gratuit, contribuant à l'édification et à la jubilation de la communauté. Il peut se prolonger intensivement en se rapprochant alors de la transe — mais sans aller jusqu'à la perte d'identité et de maîtrise du moi.

On notera que l'apparition en France de ces pratiques se trouve coïncider à peu près avec l'éviction d'une liturgie latine dans les cérémonies religieuses catholiques ; ainsi les glossolales pourraient-elles bien relayer ce support fantasmatique d'une langue obscure et psalmodiée — dont l'Eglise actuelle a curieusement méconnu la portée au profit d'une modernité rationnelle.

Il faut enfin rapprocher ces processus et ceux apparus dans les groupes de « relations intensives ». Même recours aux dimensions corporelles (vocales et gestuelles), valorisation de l'expression, de la relation fusionnelle, de la joie ; présence d'un leader, mixte de tolérance et de pression groupale, potentialité d'extase — et toujours aux sources de la présence, une demande d'amour[20].

20. Voir chap. IV, § IV, fin.

5. **Vers un nouveau christianisme ?** — Tel est le titre même, en forme d'interrogation d'un ouvrage récent de D. Hervieu-Léger, auquel nous faisons ici plusieurs emprunts : il présente un bilan des processus de décadence, d'évolution et d'émergence dans le champ religieux, en conjugant la richesse de l'information à une analyse aiguë du sens de ces processus.

Les groupes dont nous venons d'évoquer les pratiques se sont multipliés depuis une dizaine d'années (plusieurs centaines recensés en 1984 ; ils se rattachent à des communautés en liaison avec les Eglises, mais animés par des laïcs et tenant à leur autonomie[21]. Il s'ensuit une certaine ambivalence de l'institution ecclésiastique à l'égard d'un mouvement qui lui échappe en partie, même s'il se développe en son sein, et qui remet en question le monopole de la gestion des biens symboliques jusqu'alors réservés aux seuls prêtres.

D'autre part ce mouvement tend vers une critique plus ou moins radicale des valeurs rationnelles de la modernité ; ils insistent sur le rôle capital de l'affectivité dans la conversion ou la reconversion spirituelle ; et sur celui du lien communautaire qui établit entre ses membres la fraternité du monde nouveau qu'elle annonce.

Il pourrait donc s'agir d'une réponse alternative à un processus de sécularisation des Eglises elles-mêmes. Pour certains croyants intégristes ou rénovateurs, celles-ci auraient été trop loin dans le compromis avec la modernité en « démagifiant » la liturgie ou en réduisant le christianisme à une morale sociale ; au lieu de ramener les jeunes vers les Eglises,

21. Par exemple les communautés de l' « Emmanuel » à Paris, du « Chemin neuf » à Lyon.

ces accommodements ont produit l'effet inverse et favorisé (tant en Amérique qu'en Europe) des quêtes spirituelles et informelles tous azimuts : sectes orientalistes, messianisme, scientologie, ésotérisme, parapsychologie, etc.

Le retour au « charisme » préconisé par les nouveaux courants chrétiens n'est pas une forme de changement radical. Mais comme le souligne D. Léger : « Dans une société en manque d'idéaux collectifs, il contribue à précipiter (au sens chimique du terme) les références chrétiennes demeurées éparpillées, comme en suspension, dans l'imaginaire de la modernité, et aujourd'hui libérées par la désarticulation au moins partielle de cet imaginaire. » Face à l'usure du discours ecclésiastique même rénové, il constitue une sorte d'effervescence prophétique sur le terrain aujourd'hui fort disputé des espérances de salut.

Cette religion des « communautés émotionnelles » présente plusieurs traits typiques qui pourraient préfigurer un nouveau christianisme.

— Elle repose sur des groupes volontaires où chacun entre en vertu d'un choix explicite et d'un engagement dont il rend compte personnellement devant les autres.

— Il ne s'agit pas pour autant d'un retour rigoriste à une conformité collective mais d'un souci communicatoire qui vient renforcer l'épanouissement individuel. Ainsi ce style de religiosité subjective et spirituellement pragmatique reste en affinité avec les valeurs actuelles de libre expression et de libre parcours.

— Il s'ensuit une certaine fluidité du volume et des frontières de ces groupes où l'on entre et sort facilement sans que la participation soit conçue et vécue comme une obligation.

— Quant aux pratiques, on vient de voir quelle grande importance est accordée à l'expression et à la mise en jeu du corps dans l'effusion spirituelle — alors qu'inversement toute formalisation dogmatique ou doctrinale des convictions partagées par le groupe suscite la réserve.

En définitive il est difficile de répondre actuellement à la question initiale de ce paragraphe : va-t-on vers un nouveau christianisme ? Sur un plan quantitatif crise et désaffection religieuses demeurent — malgré la vitalité des nouveaux courants qui n'atteignent pas l'audience des masses[22]. Sur le plan qualitatif une ambiguïté apparaît entre une Eglise qui tend à infléchir les rituels traditionnels dans un sens moderniste et des charismes latéraux visant à renouveler les pratiques. Certes le souci commun est l'exigence de « sens » spirituel — mais il s'exprime par des démarches qui peuvent aussi (paradoxalement) le menacer. En réaction contre une sacralisation abusive ou formaliste, on tente de réconcilier foi et vie, de revaloriser les sacrements ; on veut que le rite naisse au cœur même du vécu religieux. Mais cela ne va pas sans une certaine banalisation des célébrations, des lieux, des gestes, des vêtements, des objets, voire quelque dilution de l'efficacité propre des rituels.

L'emprise de la modernité et la tendance à la sécularisation ne sont-elles pas en œuvre sous les apparences même du renouveau ? S'agit-il d'un sens proprement contemporain du sacré ? Nous retrouverons ces problèmes au chapitre suivant consacré aux rituels séculiers et quotidiens.

22. Selon un sondage de 1986 ; parmi les catholiques déclarés 60 % pensent qu'il n'est pas nécessaire d'être engagé dans une structure (paroisses ou mouvements) ; environ 10 % précisent qu'ils ont participé au cours du mois écoulé à un groupe de prière ou d'action charitable.

Chapitre III

RITUELS SÉCULIERS ET QUOTIDIENS

I. — De la sécularisation

Cette notion et ce processus viennent d'être évoqués à propos de la religion elle-même ; mais ils ont un sens très large et font l'objet d'interprétations diverses parmi les théologiens et les sociologues. J.-P. Sironneau (bibl.) souligne le lien étroit entre sécularisation et désacralisation, effets d'une vaste émancipation de la société civile vis-à-vis des institutions religieuses au cours des temps modernes : l'émancipation du secteur économique avec le développement capitaliste ; celle du secteur politique conduisant à la séparation des Eglises et des Etats ; celle de la sphère culturelle marquée par la laïcisation de l'éducation, l'autonomie de la recherche scientifique et de la création artistique ; et dans une large mesure celle des valeurs individuelles et collectives.

Il est excessif d'en conclure à un effacement du sacré mais on assiste plutôt à un phénomène de déplacement : le sacré tend à se réinvestir dans un certain nombre d'objets, d'attitudes, d'êtres ou d'institutions, au point qu'il n'est pas toujours facile de le reconnaître. Ces « hiérophanies » modernes pourraient se classer, selon Sironneau, en quatre champs principaux comportant des aspects mythiques et des aspects rituels :

— Champ des *survivances* (ou permanences) *mythiques* ; précisons d'abord que le propre du mythe, selon la définition de M. Eliade (bibl.), « c'est de raconter une histoire sacrée, un événement primordial qui a eu lieu au temps fabuleux des commencements » ; les mythes constituent des modèles exemplaires pour l'action des hommes, et les rites permettent l'inscription de ce temps mythique dans le temps profane et historique ; ils perpétuent un geste essentiel du dieu ou du héros.

L'homme moderne disposerait de toute une mythologie camouflée et de ritualismes dégradés. C'est ainsi que beaucoup de thèmes traditionnels se retrouvent dans la littérature contemporaine, les arts, le cinéma ou les médias : mythe du paradis perdu, de la cité idéale, des îles fortunées ; rites agonistiques (combat entre le héros et la brute dans le roman d'aventure ; entre le détective et le criminel dans le roman policier). De même l'art moderne comprend une part d'épreuves initiatiques, de recherches d'un sens secret du monde et de l'existence humaine[1].

— Champ du *sacré sauvage*, selon l'expression de R. Bastide (bibl.). Il concerne, au sein même des églises instituées ou sur leurs marges les mouvements charismatiques évoqués à la fin du chapitre précédent, avec leur double souci de spontanéité et de rituels nouveaux.

Mais il s'exprime aussi latéralement à travers un foisonnement de groupes et de sectes de type ésotérique (sociétés thoésophiques, occultistes, scientologiques, orientalistes, etc.). Ces groupes combinent le syncrétisme des croyances avec des tendances mystiques et ritualistes. Eux aussi viennent combler une certaine carence des religions traditionnelles ; et leur succès — même s'il s'agit souvent de formes d'exploitation ou de mystification — traduit une nostalgie de l'expérience spirituelle et communautaire, notamment chez les jeunes.

— Le champ de la *technique* peut constituer aujourd'hui pour beaucoup de gens un support ou un substitut du sacré. Elle est la source de plusieurs mythes (dans le domaine de la futurologie et de la science-fiction) et de rassemblements spectaculaires (salons, courses automobiles, fêtes aériennes, SICOB, etc.). Sa puissance et son expansion se trouvent renforcées par l'informatique et les systèmes de communication permettant le stockage, le traitement et la

1. Voir J. Maisonneuve et M. Bruchon-Schweitzer, *Modèles du corps et Psychologie esthétique*, PUF.

diffusion des données. Avec le risque d'apocalypse nucléaire et les récentes percées de la génétique, la technique contemporaine comme le mystère antique est à la fois fascinante et terrifiante à travers sa quête prométhéenne.

La visée technico-scientifique s'apparente d'ailleurs plutôt à la magie qu'à la religion puisqu'il s'agit de maîtriser la nature, la vie et la mort, ou de satisfaire des rêves ancestraux : vitesse, ubiquïté, conquête spatiale, astrale. Il ne s'agit ni de fonder l'ordre du monde ni de répondre à l'anxiété existentielle. Mais elle pose au contraire par ses progrès de graves problèmes éthiques.

— Le champ *idéo-politique* : il constitue le relai privilégié des croyances et des rituels religieux, comme nous le verrons bientôt à propos d'exemples récents. R. Aron fut le premier à parler expressément de *religion séculière* : « je propose d'appeler ainsi les doctrines qui prennent dans les âmes de nos contemporains la place de la foi évanouie et qui situent ici-bas, dans le lointain de l'avenir, sous la forme d'un ordre social à créer le salut de l'humanité ». Ce mouvement a commencé depuis plus de deux siècles en Occident, avec l'ère des révolutions. Le propre du politique est d'être inséparable de la plupart des activités humaines dont il assure la régulation jusque dans les conflits. Il n'est donc pas étonnant qu'il tende à remplacer la religion comme fondement ultime de la vie sociale et à devenir le support d'un sacré « laïc » ; c'est le sens même de la sécularisation : la politique et l'Etat ne se fondent plus sur la religion ; la politique devient en quelque sorte la religion de l'Etat.

Cette substitution ne saurait toutefois être complète ; car l'espérance et la foi politiques sont tôt ou tard exposées au démenti des faits — malgré l'appui des rituels séculiers et des liturgies laïques directement liées à l'Etat.

C'est *dans le domaine des institutions* que ressortent pour tous les régimes les rituels les plus notoires : appareils législatifs, judiciaires, diplomatiques, avec leurs protocoles, leurs étiquettes, la théâtralisation des rôles visant à solenniser sinon à sacraliser la présence du pouvoir et des représentants de l'ordre social. De même les procédures électorales liées à l'idéologie démocratique comportent des séquences ritualisées et symboliques dont le sens déborde la seule fonctionnalité.

Le secteur de la justice conserve à cet égard des cérémonies et des formules frappantes. Ainsi le serment des magistrats stipule-t-il : « Je jure de bien et fidèlement remplir mes fonctions, de garder religieusement le secret des délibérations et de me conduire comme un digne et loyal magistrat. » Quant au serment des jurés de cour d'assise, il est prononcé debout, en levant la main, à tour de rôle, après lecture de son contenu par le Président.

Le sociologue C. Rivière (bibl.) a souligné la pluralité des fonctions assumées par les rites séculiers, notamment en matière de pouvoir et de contrôle : légitimation du pouvoir (par des manifestations de force, des discours, des commémorations, des inaugurations...) ; affirmation des hiérarchies et des statuts, en permettant aux personnages principaux d'apparaître régulièrement dans des cérémonies ou à travers les médias ; dimension morale attestée par un système de récompenses (honneurs, décorations), de sanctions (blâmes, suspensions) ; enfin fonction d'animation grâce à des regroupements de style festif ou ludique.

Il faut noter que dans les sociétés très différenciées et en régime démocratique, les rites ont plus souvent *un effet d'intégration groupale et/ou locale* que largement globale — hormis quelques fêtes nationales commémoratives (14 Juillet en France, Memorial Day aux Etats-Unis). Comme ils le sont encore aux Eglises, la plupart des rituels sont liés à des partis (assises, congrès), à des syndicats (défilés, grèves) ou encore à des ensembles catégoriels plus ou moins marginaux qui luttent pour leur reconnaissance publique (mouvements féministes, homosexuels, sectes, etc.). En ce sens le rite n'est pas confiné à l'attestation de l'ordre et du *statu quo* mais peut contribuer à l'innovation ou à la contestation. Encore faut-il distinguer plusieurs attitudes possibles à cet égard : l'abstention (retrait ou silence), la dérision (étayée sur des contre-rituels parodiques), la création (avec promotion de néo-rituels).

Les rituels séculiers ne pouvant — pas plus que les rituels religieux — être abordés de façon exhaustive, seront examinés sous trois aspects majeurs : rituels de masse ; rituels d'interactions quotidiennes ; rituels du corps.

II. — Rituels de masse

Ces rituels sont caractérisés par le nombre des acteurs en jeu dans une société où l'opinion d'une part, la consommation d'autre part ont pris une place considérable. Ils présentent des formes multiples :

— celle de cérémonies, défilés, commémorations et manifestations dont le sens politique varie et dont le climat affectif est plus ou moins intense ;

— celle des jeux sportifs de tout ordre : championnats, courses, Olympiades... séances auxquelles participent à leur manière acteurs et publics ;
— celle des fêtes et spectacles de foule — dont l'évolution actuelle a déjà été évoquée.

Aucun de ces rituels séculiers n'est propre à notre époque, mais nous nous en tiendrons à l'indication d'exemples et d'aspects significatifs.

1. **Les « religions politiques ».** — Il faut noter d'abord que les groupements laïcs de tonalité religieuse n'ont pas tous pris la forme de mouvements politiques à vocation « massive » ; mais parfois celle d'associations fort pacifiques et relativement closes, sinon secrètes — dont l'exemple le plus notoire est constitué par la (ou les) *Franc-Maçonnerie*. Celle-ci, vivace en Europe de l'Ouest depuis plus de deux siècles, peut être considérée comme une sorte de « religion civile », cultivant une fraternité (plus ou moins sélective) en coexistence et en compétition avec les religions officielles auxquelles elle emprunte beaucoup d'aspects : initiation, cérémonies, emblème, langage sacral, et... collège des rites. On en trouvera les formes, les axes et les modalités dans le récent *Dictionnaire de la Franc-Maçonnerie* (PUF, 1987) dont l'article Rite occupe une trentaine de pages.

C'est sans doute la Révolution française qui a suscité la première l'apparition de cultes politiques plus ou moins officiels.

Culte de la Raison (célébré à Notre-Dame de Paris en 1793) ; culte de l'Etre suprême (proposé à la Convention par Robespierre) ; culte décadaire, étayé sur le calendrier du même nom en combinant rituels catholique et maçonnique. Il faut y rattacher des manifestations populaires plus ou moins spontanées (défilés, rassemblements) qui conduisirent à l'organisation de fêtes collectives — dont la plus célèbre fut celle de la Fédération, le 14 juillet 1790, base de notre fête nationale, qui consacra solennellement l'unité française autour de l'Assemblée constituante et de la Révolution.

Cette religion civique possédait ses symboles : cocardes puis drapeau tricolore adoptés dans tout le pays ; autels de la patrie et arbres de la liberté élevés dans beaucoup de villes et de villages. Selon les termes de l'historien Mathiez « il existe une religion révolutionnaire dont l'objet est l'institution sociale elle-même ; elle a ses dogmes (la Déclaration des Droits, la Constitution), ses prières et ses chants (*La Marseillaise*, le *Ça ira*) ».

Toutefois ces cultes nouveaux qui font de larges emprunts aux liturgies traditionnelles ne possèdent pas la consistance des grandes religions historiques. Leur impact reste relativement superficiel et éphémère comme le prouve leur disparition au début du Consulat. Ils ne constituaient que l'ébauche des religions politiques qui allaient apparaître plus tard avec le développement des sociétés de masse.

J.-P. Sironneau (bibl.) souligne l'importance de la conjoncture historique dans l'émergence de rituels politiques prégnants :

— société en déséquilibre économique où de larges couches attendent une issue aux frustrations endurées ;
— existence d'une tradition de type messianique liée aux thèmes de la régénération et du salut ;
— présence d'un chef « charismatique » — terme par lequel le sociologue Max Weber désigne un pouvoir fondé sur le rayonnement personnel et le fanatisme potentiel de disciples ou de partisans. Un tel chef est porteur de la conscience collective et porté par elle.

Or si l'on examine la situation de la Russie au début du siècle et de l'Allemagne des années 20, on constate que ces conditions étaient remplies, indépendamment des profondes différences entre l'idéologie du communisme et celle du national-socialisme.

Le cas du national-socialisme. — Les dirigeants nazis semblent avoir été divisés sur l'instauration d'un rituel qui remplacerait systématiquement le culte chrétien au niveau des liturgies et des symboles (croix gammée). Mais une formule très dense fut proposée aux masses en attente.

L'année fut ponctuée de fêtes commémoratives ou cosmiques ritualisées : anniversaires du fürher, fête du travail, fête des mères, fêtes des moissons, anniversaire du putsch, solstice. Chacune suit un cadre général avec des séquences spécifiques d'hymnes, de serments, de processions... Le culte du sang et des morts y prend souvent une place centrale, poussant les militants à s'identifier aux héros ou aux victimes, avec des professions de foi impliquant l'offrande de sa vie dans un climat d'exaltation collective.

La liturgie nazie atteignait son apogée dans les rassemblements de Nüremberg qui attiraient des centaines de milliers de personnes. Ils étaient orchestrés comme des cérémonies sacrées afin d'impressionner profondément les participants : défilés militaires, forêt de drapeaux et de croix gammées, chants, musiques, torches et projecteurs, slogans politiques répétés comme des litanies ; enfin apparition du führer qui prononçait un discours émaillé d'imprécations contre les ennemis intérieurs et extérieurs de la nation, tous désignés à sa vindicte. Le spectacle (direct et radiodiffusé) produisait selon les gens l'enthousiasme ou un profond malaise, une sorte d'horreur sacrée[2].

En combinant ainsi mystique et technique ces rituels contribuaient puissamment à convertir les masses à l'idéologie nationale-socialiste.

2. Denis de Rougemont, *La part du diable* et *Journal d'une époque*, Gallimard.

Celle-ci soutenait d'une part la supériorité sociale du peuple germanique, sa vocation à dominer le monde en régentant les autres pays et en exterminant les membres de la race juive décrétée perverse et maudite. Elle prônait d'autre part la sacralité de Hitler, conducteur et rédempteur des Allemands, s'assignant lui-même dans ses discours une sorte de mission divine : « J'estime avoir été appelé par la Providence pour servir mon peuple et le conduire au milieu d'événements terrifiants... C'est avec l'assurance d'un somnambule que je poursuivrai ma mission... » Aussi bien peut-on parler d'une véritable « foi en Hitler », illustrée par les termes du serment initial des membres du parti : « Le führer a toujours raison. »

Tout le pouvoir se condense dans la personne d'Hitler, censé exprimer la volonté générale et l'âme du peuple allemand. A cette foi correspond un culte de caractère idôlatrique chez les masses ; mais il est cautionné par une élite elle-même fascinée et opportuniste — malgré les cas de résistance héroïques — et il est appuyé sur le réseau du parti national-socialiste, avec son fer de lance, la SS, « l'ordre noir »[3] comparable à certains ordres religieux du Moyen Age, exerçant contrôle et terreur. Pour accéder à cet ordre, les membres devaient satisfaire à toute une initiation comportant des rites de passage et une suite de serments. Les chefs subissaient en outre une série d'épreuves à risque, assortie d'un endoctrinement intensif.

Ruiné par la défaite allemande de 1945 et par l'effondrement du régime nazi, ce système a laissé des séquelles : un petit nombre de nostalgiques et de jeunes fanatiques adhèrent encore à l'idéologie et pratiquent clandestinement ou non certaines formes du rituel.

Le cas du communisme. — Si le communisme utopique se rattache en un sens à des courants messianiques qui ont traversé l'Occident médiéval[4], il est moins évident que le communisme marxiste dit « scientifique » présente aussi une tonalité religieuse, lui qui s'inscrit plutôt dans le courant rationaliste issu du XVIIIe siècle. Tel est pourtant le cas au niveau

3. A. Brissand, *Hitler et l'ordre noir*, Perrin.
4. H. Desroches, *Socialismes et sociologie religieuse*, Cujas.

de la foi politique et à travers l'expression des mythes et des rites associés aux personnages de Lénine et de Staline[5].

Il importe d'emblée de marquer la différence capitale entre l'idéologie communiste et celle du national-socialisme. La première a pour objectif un idéal humanitaire, le règne de l'égalité et de la justice, la société sans classes ni privilèges, l'avènement d'un homme nouveau. Le recours aux moyens violents apparaissait transitoirement imposé par la lutte contre l'ennemi capitaliste qui enserrait la patrie du communisme et suscitait en son sein des oppositions et des complots. Au contraire, comme on l'a vu, le système nazi visait à installer la domination d'une nation particulière au nom de sa primauté raciale et d'une sorte de vocation originelle dont Hitler aurait été le messie.

La pensée de Marx est certes en rupture avec tous les idéalismes et dénonce l'illusion religieuse ; mais sa dimension éthique transparaît sous les thèmes majeurs et la terminologie même : processus d'aliénation, formes de domination et d'exploitation, révolution libératrice, mission historique du prolétariat. Le matérialisme athée est aussi un humanisme de ton prométhéen qui va se prolonger chez les pionniers du communisme russe.

Bien qu'elle constituât une sorte de perversion d'un système de croyances et de pratiques d'esprit universaliste, l'idéologie stalinienne a séduit beaucoup d'intellectuels ; sans doute parce qu'elle semblait conjuguer la rigueur de la science issue du marxisme et l'espoir d'un monde meilleur étayé sur de nouveaux dogmes. Ce mixte apparaît à la fois dans le propre ouvrage de Staline *Matérialisme historique et matérialisme dialectique*, et dans les multiples manuels élaborés à l'usage des militants comme

5. J. Ellenstein, *Histoire du phénomène stalinien*, Grasset.

autant de catéchismes politiques en Russie et ailleurs, sous l'égide des partis communistes locaux. On se trouve, comme pour les Eglises, en face d'une véritable orthodoxie dont les déviations (droitières ou gauchistes) sont dénoncées et pourchassées.

Ainsi le dogmatisme stalinien devint-il instrument de pouvoir totalitaire et bientôt de terreur (purges, procès de Moscou, camps de déportation). Ce qui émane du « parti », ou plutôt de ceux qui parlent en son nom, est soustrait à toute critique et constitue une sorte de message sacré non seulement en matière politique, mais dans le domaine scientifique et esthétique.

Le parti apparaît comme l'entité symbolique à laquelle va s'attacher pendant un quart de siècle l'espérance diffuse de millions de gens. Il permet à la fois d'unifier la plupart des thèmes doctrinaires du communisme international et de cristalliser des formes d'expression rituelles et communielles[6].

Le stalinisme n'a sans doute pas délibérément cherché à créer un culte susceptible de remplacer les pratiques religieuses qu'il visait à liquider. Il n'en est que plus frappant de voir reparaître certaines conduites substitutives sous forme de culte du parti et de culte de la personnalité du chef. L'organisation et le fonctionnement du parti rappellent les sociétés, sinon les sectes religieuses. L'appareil (cadres permanents) y joue le rôle du clergé séculier : garant et gardien du dogme et de la « ligne » contre tout risque de déviations ; organisant et contrôlant les grandes cérémonies publiques comme les réunions plus restreintes destinées à la formation des militants ou au vote des motions.

Mais le parti est aussi une sorte de communauté mystique ; l'adhésion implique un engagement global ; on établit avec les camarades une forme de relation fusionnelle étayée sur le partage des convictions et des tâches politiques. Lieu idéo-affectif au maintien duquel peuvent être consentis tous les sacrifices : aveux, autocritiques... et dont l'exclusion est plus redoutée que la sanction. Cette foi se trouvera encore renforcée après 1945 par la victoire de la Russie sur l'Allemagne et du communisme sur le nazisme.

6. J.-P. Sironneau (bibl.) présente une forte synthèse de toute la littérature (militante, critique ou désenchantée) publiée à ce sujet.

Quant au culte de Staline, il procédait de plusieurs sources : dévotion traditionnelle du peuple envers la personne du tzar — déjà transférée sur Lénine. Si celui-ci y résista de son vivant, sa mort suscita un rituel funéraire considérable : édification d'un vaste mausolée devant lequel les foules continuent à défiler ou à se recueillir à chaque anniversaire. Foisonnement de statues, portraits, effigies portées, telles des icônes au cours des cérémonies. Sacralisation des discours et des écrits.

Staline devait non seulement recueillir cet héritage mais combiner sur son personnage de multiples auréoles : chef vigilant et terrible, révéré même par ceux qu'il condamne — cerveau omniscient, concepteur des stratégies technologiques, et militaires, détenteur de la vérité en philosophie[7], dans les sciences et dans les arts — tuteur familier de tous, le « petit père des peuples » au respect duquel l'école éveille déjà les enfants.

La dénonciation par Khrouchtchev en 1956 du « culte de la personnalité » n'a pas compromis pour autant les autres rituels du communisme. Outre une laïcité ostentatoire, leur trait spécifique, comme le souligne Sironneau, est d'accorder une primauté à la parole sur les gestes et les symboles. Le langage idéologique reste une sorte de liturgie majeure avec ses textes de références quasi sacrés (de Marx à Staline), ses formules et ses mots-clefs toujours imperturbablement prononcés ; les harangues fondatrices des pionniers ont abouti à la fameuse « langue de bois ». Et aujourd'hui encore à chaque anniversaire de la Révolution d'Octobre on constate l'accumulation des discours qui précèdent le grand défilé militaire sur la Place Rouge.

Même en ce cas on peut se demander s'il n'existe pas un décalage entre la croyance « stricte » et la ritualité ; celle-ci subsiste par l'effet d'une sorte d'inertie, en perdant une part de sa signification initiale, mais en conservant sa fonction de référence

7. « Staline est le plus grand philosophe de tous les temps », écrivait par exemple, un célèbre écrivain français en 1953.

— surtout si par ailleurs des réformes sont engagées (depuis « l'ère Gorbatchev »). Et le problème se pose quel que soit le système politique : les rassemblements de foules autour de symboles déclinant, les discours stéréotypés dans des cérémonies formelles gardent du sens ; car ils continuent à témoigner d'une identité collective plus ou moins en quête d'un nouveau message susceptible de la régénérer sans la rompre.

L'Iran offre aujourd'hui un cas frappant de fusion entre pouvoirs — et rituels — politiques et religieux. La révolution islamique conjugue une restauration du passé (intégrisme, pouvoir des ayatolas, tchador des femmes) et la promotion de rituels de masse (rassemblements, défilés, cris et slogans agressifs envers l'étranger), le régime se référant volontiers à l'exemple du nazisme.

2. **Les rituels sportifs.** — En passant du champ du pouvoir social à celui de la performance physique, on semble changer d'étage quant aux valeurs et aux enjeux. Et pourtant le système des règles et le jeu des passions sont également présents. La pratique et le spectacle du sport ont des origines antiques et des références médiévales. Mais il faut se défier des analyses sommaires comme des anachronismes. Les jeux agonistiques du passé s'intégraient à des systèmes sociaux et locaux (fort différents des nôtres) où ils prenaient leur sens et leur style propres. De même le sport contemporain possède sa spécificité et se distingue par certains traits : caractère séculier du temps et des lieux de son exercice ; égalité des conditions d'accès et de compétitions ; spécialisation des rôles, rationalisation des règles, poursuite des records.

Le développement considérable pris aujourd'hui par les sports tient simultanément au souci généralisé de la maîtrise du corps et de la performance et à l'écho exceptionnel que leur fournissent les médias.

Comme le souligne l'anthropologue C. Augé, à propos de la retransmission télévisée des matchs de football : pour la première fois dans l'histoire de l'homme, à intervalles réguliers, à heure fixe, des millions d'individus s'installent devant leur « autel domestique » pour participer à la célébration d'un même rituel, en assistant au drame joué en un lieu central par 23 officiants devant une foule de milliers de fidèles qui se lèvent, s'exclament, rugissent selon les péripéties du jeu[8].

Par leur cérémonial, leurs règles rigoureuses, leurs implications symboliques, les sports, s'apparentent donc aux rituels mais restent difficiles à classer globalement.

En tant que pratiques privées, parfois très personnalisées, ils relèvent des rituels du corps ; au niveau des conduites et des valeurs de « l'équipe », ils concernent les rituels de groupe ; mais par leur caractère public et spectaculaire ils s'accordent aux demandes de la société de masse : large accessibilité, occupation des loisirs, recherche d'émotions collectives autour du jeu ; compétitions itératives entre villes et entre nations.

Selon la recherche en cours d'achèvement de Juliette Raharisoa une observation attentive des processus sportifs y révèle la présence de nombreux rituels ; les pratiques fonctionnelles visant au progrès et au succès sont plus ou moins pénétrées d'éléments symboliques.

— C'est déjà le cas des conduites sportives *préliminaires*, qu'elles soient personnelles ou collectives.

Au début de l'entraînement, la « mise au vert » des sujets, comportant un rythme de vie, un régime et un certain isolement ; on retrouve ici une sorte de rite de purification impliquant

8. A. Guttman, *From ritual to record*, New York, 1978. G. Chartier et G. Vigarello : Trajectoire du sport, *in* Revue *Le Débat*, 1982, n° 17 et C. Augé : Football. De l'histoire sociale à l'anthropologie religieuse, même revue.

divers sacrifices (efforts, privations, parfois souffrances). Et s'il s'agit d'une préparation collective pour entraîner une équipe, on peut parler comme les ethnologues de rite d'agrégation.

— La carrière du sportif est jalonné par divers *rites de passage* apparentés à une initiation suivie d'une promotion.

Obtention des licences, classement par catégories, degrés et classes d'âge, notamment pour l'athlétisme (minimes, juniors, seniors, vétérans), les étapes étant parfois désignées par les sportifs sous le nom de « chemin sacré ».

— *Rituels vestimentaires :* la tenue de rigueur varie selon le genre de sport (maillot, culotte, combinaison, kimono, etc.) ; selon le club (couleur, blason) et selon le rôle de l'acteur (brassard, numéro) ; outre leur fonction signalétique et différentiatrice, ces rituels ont une fonction symbolique en renforçant l'identité groupale chez les sportifs comme chez leurs supporters. Telle partie ou tel détail du costume peut même prendre une valeur de fétiche.

— *Le spectacle sportif* contemporain constitue par lui-même une véritable cérémonie, riche en symboles, avec ses lieux, ses moments, ses personnages consacrés, son public.

L'espace scénique du jeu, du combat, du tournoi est central mais inaccessible au public — sauf transgression exceptionnelle et significative (enthousiasme ou fureur).

Ce spectacle culmine dans les grandes rencontres internationales (football, tennis, boxe) et plus encore dans le cadre des jeux Olympiques. La théâtralité s'y manifeste par des rituels d'ouverture et de clôture : défilés, présentations des équipes, saluts aux drapeaux et aux fanions, désignation des arbitres, coup d'envoi...

Les émotions collectives s'expriment intensément par les cris, les ovations, les sifflets du public, parfois une violence déclenchée par les supporters pouvant entraîner mort d'homme dans des cas tristement célèbres (Eidhoven).

L'issue des compétitions est marquée par la consécration des vainqueurs et la distribution rituelle des prix : médailles, trophées ou coupes. Ainsi la victoire éphémère obtient-elle sa pérennité.

On peut se demander si les rituels sportifs (comme les jeux) ne viennent pas relayer les cultes religieux et/ou politiques dans les périodes d'usure des mythes et des idéologies. L'hypothèse mériterait un examen comparatif d'ordre spatio-temporel. Malgré beaucoup de signes, il faut s'interroger avec C. Bromberger[9] sur la portée globale de l'analogie entre un match de football et un rite religieux ; car il s'agit là d'un rituel sans exégèse, et que ses acteurs ne nomment pas ainsi. Mais il importerait de savoir s'ils ne le *vivent* pas comme tel.

En toute occurrence le sport, comme la plupart des institutions, est marqué par un ensemble de traits propres à l'époque : vedettariat des acteurs — même dans le cadre d'équipes bien soudées ; corrélativement spéculations publicitaires (sponsoring) et hantise de la performance conduisant à une instrumentation du « corps sportif ». Mais si l'éthique sportive est trop souvent pervertie sous l'effet de la vénalité et de la violence, elle n'en garde pas moins son emprise et sa valeur symbolique.

3. **Concerts « rock » et pop music.** — Même s'ils concernent en général des couches d'âge définies et des publics limités, par leur capacité à assembler parfois de véritables foules et par le rôle qu'y jouent les médias (cassettes, émissions régulières) ces concerts s'apparentent aux phénomènes de masse. Une récente étude de J.-M. Seca (bibl.) révèle chez les musiciens comme chez leur public une *quête latente mais intense de ritualité*. Celle qui apparaît dans le processus rock depuis ce que ce chercheur nomme « l'état acide » : gestation ingrate dans les sous-sols et les parkings où les petites formations élaborent à la fois leur cohésion et leur production, jusqu'au concert public où un jour peut-être elles seront consacrées. Recherche d'un lien social perdu, culte groupal, support de la répétition, agitation plus ou moins érotisée, exaltation des rythmes ; tout cela atteste de la portée

9. Article sur les clubs dans la Revue *Esprit* : Le nouvel âge du sport, 1987.

rituelle du rock, hors du contexte quotidien désacralisé et atomisé. On peut parler ici d'une sorte de mystique et de forme élémentaire de la vie artistique conduisant vers ces effervescences collectives dont Durkheim prédisait jadis quelques regains. « Le fluide rock, c'est l'émotion collective qui se dégage d'un corps groupal, qui se matérialise et s'électrifie en musique... La mise en scène de ce rituel pourra provoquer des effets de transe dans le public ; il s'exprime chez les rockers par l'érection généralisée du corps-guitare pendant l'interaction musicale, conduisant ensuite tous les êtres présents vers un état fusionnel. »

Mais une problématique demeure : aussi significative soit-elle, cette dimension rituelle se combine avec un souci de reconnaissance sociale — et de gains par les disques, comme en sport par les matchs ; comment l'attitude individualiste de maint rocker se concilie-t-elle avec leur tendance communautaire ? Enfin la pop music, porteuse d'une exaltation juvénile, ne tend-elle pas à s'affadir peu à peu en coutume de loisir dynamique ? Ces ambiguïtés (comme celles des nouveaux charismes) ne sauraient s'interpréter qu'en liaison avec la crise culturelle globale.

III. — **Les rituels d'interaction quotidienne**

1. **La politesse, la face, la réserve.** — Nos relations de voisinage, de travail ou d'affinité, familières ou mondaines, sont partiellement régies par un ensemble de règles culturelles que l'on nomme « politesse ». Il s'agit d'un système cohérent représentant un code du « savoir-vivre » ; celui-ci prescrit — ou proscrit — des comportements déterminés — verbaux et corporels — qui varient plus ou moins

selon les régions et les pays ; mais qui possèdent tous une valeur symbolique : *le respect de la personne en chacun*. Il s'agit donc bien d'une sorte de rituel séculier.

Plusieurs chercheurs, posant un regard ethnologique ou psychosocial sur la vie quotidienne, ont relevé les multiples formes de cette ritualité quasi journalière, et ont dégagé leur signification latente. Notamment E. Goffman (bibl.) et D. Picard (bibl.) dont nous résumons ici les observations et les analyses.

Goffman souligne d'abord qu'il ne s'agit pas de simples modèles coutumiers ni de routines vides de sens. Comme l'a fait Durkheim à propos de l'idée d'âme, source de l'individuation dans les sociétés archaïques, il faut « explorer dans le monde urbain et séculier la façon dont la personne se voit attribuer une espèce de sacralité qui se manifeste et se confirme au travers d'actes symboliques ».

Les rituels quotidiens sont des moyens d'entraîner l'individu à contrôler ses interactions sociales ; on lui apprend d'une part à s'attacher à l'expression de son moi, à faire montre de fierté, de dignité, bref à assurer sa « face » ; et parallèlement à adopter les attitudes correctes envers autrui : le tact, la « déférence », c'est-à-dire la considération accordée à la personne du partenaire et à ses actes, comme à une valeur dont il est le symbole et l'agent. Et cet ordre rituel est fondé avant tout sur l'*accommodement*, le ménagement réciproque, plutôt que sur un accord intime.

La fonction de la *politesse* est en effet d'établir un minimum de reconnaissance et de cohésion entre les membres d'un groupe. La preuve en est que son défaut est ressenti comme une offense, à peine excusée par la distraction. La suppression intentionnelle de ces signes d'accommodement (par exemple ne pas saluer ou même ne pas regarder l'autre en le saluant) équivaut à un comportement agressif. Et ce qui compte en cas d'offense, ce n'est pas tant le caractère juste de la réparation que sa faculté de restituer à une personne ce qu'elle avait perdu : la face. Etre poli, c'est ce que la baronne de Staff, auteur d'un célèbre manuel de savoir-vivre paru en 1900, a pu définir par « rendre ceux avec lesquels nous vivons contents d'eux-mêmes et de nous ». Les formes de la politesse sont plus ou moins complexes et raffinées. En Occident elles ont tendu progressivement à se simplifier sans pourtant disparaître.

— *La rencontre et le salut.* — Ils comportent un double aspect, verbal et gestuel. L'échange verbal est généralement bref ; il ne s'agit pas d'un dialogue à proprement parler mais d'une suite d'expressions conventionnelles.

Le contenu des échanges varie en fonction du statut des partenaires, de leur degré d'intimité, de leur milieu social, et du lieu où il s'effectue. Les gestes du salut sont ritualisés (se découvrir, s'incliner, serrer la main, s'embrasser). Ils dépendent eux aussi des contacts antérieurs et des distances sociales. L'acte de s'embrasser presque d'emblée entre jeunes de sexe différent est une pratique récente, de sens convivial, au sein d'une classe d'âge. De même les « au revoir » et les « adieux » sont gradués selon les situations et les modèles locaux ; tantôt conventionnels ou solennels, tantôt expansifs et familiers.

Ces variations de style du salut apparaissent bien dans l'iconographie : solennité tragique des *Adieux de Fontainebleau* (de H. Vernet) ; style plus ou moins pathétique de la séparation d'Hector et d'Andromaque traitée par plusieurs peintres des XVIIIe et XIXe siècles ; jovialité ostentatoire du *Bonjour Monsieur Courbet* ; attendrissement au *Retour de l'enfant prodigue* (de Rembrandt à Greuze).

— La position respective des individus et surtout la *distance physique* adoptée vis-à-vis d'autrui relève du souci de « réserve ». Bien que l'écart à maintenir ne soit pas strictement mesurable[10] l'homme poli évite tout rapprochement soudain ou excessif. Mais au-delà des conventions intervient aussi le « tact » qui correspond à ce qu'on nomme parfois la politesse du cœur ; il inspire spontanément l'attitude discrète ou chaleureuse.

D. Picard (bibl.) a pertinemment insisté sur l'importance d'un code dans l'interaction et la distance corporelle en fonction des situations. A partir de l'analyse de manuels de savoir-vivre (dont certains fort récents) et d'observations directes, elle montre comment ces règles constituent un système cohérent de communication et de régulation entre les partenaires ; comment ils expriment symboliquement leurs positions respectives, la nature de leurs relations, la reconnaissance mutuelle de leur statut. « Tout savoir-vivre tend vers une ritualisation du corps qui inhibe sa dimension pulsionnelle et organique ; en ce sens on peut l'interpréter comme un système obsessionnel bâti autour du *tabou du contact.* » Ainsi le contact physique est-il souvent réduit à une sorte de pantomime, avec des simulacres de rapprochement, d'enlacement ou de baiser.

Depuis une vingtaine d'années ces formes de répression des affects et des conduites ont suscité une vive contestation dans plusieurs couches sociales. Un courant informel que nous avons nommé le « corporéisme » s'est développé assez largement mais non sans ambiguïté ; car il oscille entre une apologie du désir et de l'expression corporelle et une sorte de contre-ritualité quasi volontariste. Ce problème sera repris au prochain chapitre.

2. **La convivialité.** — Les rituels quotidiens n'ont pas tous pour objectif la conciliation ou la discrétion. Certains présentent un caractère plus dynamique et expansif et visent à promouvoir la convivialité des partenaires sociaux ; le terme est devenu assez courant pour désigner dans notre société de masse et d'anonymat un souci de relation cordiale et même chaleureuse entre les personnes et les groupes[11].

Ce souci se rattache en fait à des rites beaucoup

10. E. T. Hall, *La dimension cachée*, Seuil.
11. Depuis l'ouvrage de I. Illitch, *La convivialité*, 1973.

plus anciens et exigeants relatifs à l'hospitalité. Les lois de l'hospitalité, qui ont varié notablement selon le temps et les lieux, mériteraient à elles seules un chapitre anthropologique. On se bornera ici à évoquer les aspects les plus actuels de la convivialité qui en constitue la résurgence.

Il s'agit surtout des invitations, rencontres, réceptions et réunions plus ou moins festives ; elles constituent des sortes de récréations hors de la banalité quotidienne ; elles s'accompagnent souvent de certains échanges : cadeaux ou prestations mutuelles en dehors de toute obligation.

Ces conduites se distinguent des grandes manifestations officielles soumises à un protocole très strict ; mais elles présentent les principaux caractères correspondant à la définition des rituels : elles contribuent au renforcement du lien social ; elles suscitent chez leurs acteurs un ensemble de sentiments positifs comme l'estime ou l'amitié ; elles relèvent d'un certain code, mondain ou familier, dont la transgression peut aller de la gaffe au manquement, voire à l'affront.

— Outre les prescriptions et interdits religieux qui subsistent encore en matière de cuisine et de régime, il existe un ensemble de rituels sociaux concernant le *repas* ; notamment : sa composition et sa qualité (dégustation des plats et des vins) ; la place des convives autour de la table ; la facilitation des échanges verbaux par des hôtes attentifs qui savent « entretenir » la conversation.

— Il convient de souligner la tendance actuelle dans beaucoup de milieux professionnels à multiplier les occasions de *petites réunions* conviviales ; il s'agit, dans le cadre d'un service, d'un bureau, d'un atelier, d'une école, de se retrouver pour fêter quelqu'un ou quelque chose, autour d'un verre. Cette pratique vise à rompre l'anonymat et la morosité quotidienne pour rétablir une certaine communauté. Ce rite convivial, même modeste, reprend ici tout son sens.

— Les *cadeaux* sont une des manifestations les plus fréquentes de la convivialité. Somptueux ou modestes, ils s'offrent dans des circonstances diverses ; les uns selon un rituel explicite déjà évoqué : anniversaires, naissances, mariages, succès scolaires ou professionnels ; d'autres ont un caractère plus informel mais aussi plus complexe : témoignage de considération ; désir sincère de faire plaisir ; parfois aussi façon de manifester sa largesse, voire d'exercer sur autrui une certaine pression ou de l'engager dans une compétition plus ou moins ostensible. Car celui qui reçoit un cadeau devient une sorte de débiteur ; de même qu'il faut un jour ou l'autre « rendre » les invitations reçues.

Par ce dernier trait l'échange de cadeaux se relie à la coutume archaïque du *potlacht* ; cérémonie au cours de laquelle chefs et groupes voisins entraient dans un cycle de dons mutuels exprimant une rivalité réelle et symbolique. Aujourd'hui encore autour des cadeaux le prestige et la séduction peuvent se mêler au plaisir de l'échange.

3. **L'essentiel et l'éphémère.** — Ces analyses peuvent faire apparaître la vie quotidienne comme une mise en scène plus ou moins strictement réglée, une sorte de « dramaturgie » selon Goffman. S'agit-il pour autant d'artifice, ou d'une forme de ritualité triviale et dépourvue d'épaisseur, même si elle ne se réduit pas à la simple coutume ? Certes ici l'efficacité symbolique (voir *supra*) concerne la relation au prochain et non au divin. Elle ne s'en réfère pas moins à une sacralité qui, au-delà d'une idéologie individualiste, touche à l'ordre social tout entier. Ainsi retrouve-t-on, au niveau prosaïque du quotidien, l'aspect transcendant du rite, un certain essentiel. Celui-ci ne saurait être effacé ni par la perte de sens apparent de certains actes, ni par des fluctuations qui sont de l'ordre de l'événement, voire de l'éphémère.

Quelques lignes de Saint-Exupéry illustrent poétiquement la portée indissolublement fonctionnelle et symbolique des rituels quotidiens : il s'agit d'un passage où le Renard dit au Petit Prince « il eût mieux valu revenir (me voir) à la même heure... Si tu viens n'importe quand, je ne saurai jamais à quelle heure m'habiller le cœur... *il faut des rites...* C'est ce qui fait qu'un jour est différent des autres ». Et il cite l'exemple du temps réglé de ses chasseurs qui lui permet, à lui Renard, un jour de congé et de transgression. On saisit bien ici ce rôle de ponctuation du vécu et d'attestation des temps forts qui est le propre d'un rituel.

IV. — Les rituels du corps

1. **Une période d'évolution.** — Dans toutes les sociétés, toutes les cultures, le corps relève de soucis et de modèles à la fois sociaux, religieux, moraux, hygiéniques et esthétiques... Les usages du corps, sa tenue, sa représentation et sa figuration sont liés à son statut et à un système de valeurs et de conduites ; donc à une certaine idéologie et à certains rituels.

Réciproquement, comme on l'a vu au chapitre I, le corps est impliqué dans tous les rituels connus mais il y est présent avec différents degrés d'extension et d'intensité :

— soit comme lieu disponible pour y trouver des marques et des signes (tatouages, scarifications), ou pour y pratiquer des interventions (rites de circoncision et d'excision, blessures rituelles) ;
— soit comme sujet de la souffrance, de la santé, de la beauté (rites liés à la maladie, l'hygiène, la guérison, l'esthétique) ;
— soit comme source d'énergie pour effectuer tel geste, tel signe, tel cérémonial... De même intervient-il plus ponctuellement par le cri, l'intonation, la voix et la mimique.

Le rôle du corps apparaît dans tous les systèmes religieux antiques ou modernes, même les plus spiritualistes.

Dans le christianisme il est présent non seulement de façon négative par l'ascèse, mais aussi de façon positive pour le salut de l'homme : avec l'incarnation de Jésus ; avec la communion réelle et symbolique à travers le corps et le sang du Christ ; enfin avec le dogme de la résurrection, qui garantit à la fin des temps un triomphe du corps sur la mort venant réparer en quelque sorte toutes les souffrances physiques, maux et sacrifices.

Aujourd'hui on constate une évolution considérable de l'attitude envers le corps. Alors qu'il était le plus souvent l'objet d'une mise à distance et d'un souci de maîtrise, il tend à devenir une valeur primordiale pour la personne comme moyen d'expression, de communication, de jouissance. Ce mouvement que nous avons personnellement désigné sous le nom de *corporéisme* (bibl.) apparaît à la fois dans la vie quotidienne et dans les domaines les plus variés : religion, formation, sport, art. Alors que beaucoup de convenances banales s'assouplissent et s'effacent, on assiste au renforcement d'autres exigences ; on pourrait ainsi en matière de normes corporelles faire l'hypothèse *d'un relai de l'éthique par l'esthétique*. Mais le rite n'a pas disparu pour autant à travers cette sorte d'inflation du corps. Contre-rituels ou néo-rituels ont surgi çà et là, interférant avec certaines formes persistantes de la ritualité traditionnelle ; ils instaurent une autre régulation pour encadrer ou sacraliser la vie pulsionnelle en fonction d'un autre sens du corps, et au prix de certains paradoxes[12].

2. **Les inscriptions corporelles.** — Elles prennent la peau pour support selon deux aspects majeurs.

12. Voir J. Maisonneuve, *in* Anthropologie des techniques du corps, *Revue STAPS*, 1984.

— *Le tatouage :* il constitue la forme la plus ancienne de signe culturel pratiqué sur le nature ; son nom vient de « tatau », terme polynésien importé par les officiers de marine au XVIIIe siècle ; il désigne des marquages (dessins figuratifs ou non, inscriptions), gravés volontairement sous la peau. Il se distingue des marques involontaires (blessures, brûlures) et, par son caractère durable, des modifications de surface (peinture du corps, maquillage, grimage).

Dans les sociétés archaïques le tatouage accompagne souvent les rites d'initiation et l'accession au statut d'adulte ; il est en rapport étroit avec une sexualité qu'il faut affirmer chez les hommes ou contrôler chez les femmes. Il réalise une transmission d'une génération à l'autre ; il témoigne aussi de l'appartenance à un groupe ou à un sous-groupe spécifique, privilégié ou stigmatisé.

Durkheim (bibl.) fut l'un des premiers à souligner la portée symbolique des tatouages où il voyait une sorte de « tendance instinctive des hommes à se peindre ou à se graver sur le corps des images qui rappellent leur communauté d'existence ».

Le tatouage fut interdit par les religions occidentales et disparut presque en Europe sauf chez quelques corporations d'artisans ; il réapparut au XVIIIe siècle sous une forme décorative plus polyvalente mais en tendant à se localiser dans des secteurs *marginaux* — notamment dans les lieux de regroupement masculin : armée, marine, chantier, prison.

Aujourd'hui le tatouage connaît un certain regain ; il continue à témoigner symboliquement de l'affiliation à un groupe à travers une épreuve, parfois un exploit. Mais il se pose par opposition à d'autres groupes, voire au reste de la société. Souvenir et défi, sorte de pièce d'identité rudimentaire, il exprime souvent l'érotisme, la violence, parfois la dérision. Lorsqu'il évoque un lien privé, il proclame un attachement exclusif, exalte une rencontre fusionnelle avec l'autre...

Il faut distinguer les modes de tatouage des milieux marginaux, non intellectuels, en contexte carcéral, des nouvelles formes de *peinture corporelle* qui apparaissent autour des années 60-70 dans les milieux dits *underground* composés de jeunes étudiants ou artistes rebelles à la société de consommation.

Dans le cas des sujets lourdement pénalisés (où la proportion de tatoués paraît la plus forte), le tatouage signe une attestation de rupture ; il inscrit sur leur peau, de manière indélébile, le rejet peut-être définitif d'une société qui les exclut et la recherche d'une sorte d'identité parallèle.

La démarche des marginaux contestataires est différente. En matière de marque comme de vêtement, les hippies recourent à un style *unisexe* dans un souci égalitaire et fusionnel visant à substituer la communauté à la famille. Pour eux la peinture corporelle prépare ou prolonge une rencontre amoureuse de style « tendre », illustrée par sa symbolique florale. Mais son impression (dans tous les sens du mot) paraît ludique et éphémère, comme si ces jeunes refusaient toute marque, de même que tout engagement irréversibles et se complaisaient en marge d'une culture aseptisée[13].

Plutôt que de nouveaux rituels, on peut parler ici de contre-ritualité. Les symboles de contestation sont plus spectaculaires que consistants mais ils n'en sont pas moins significatifs car ils expriment l'insuffisance de la société « telle quelle » et ouvrent sur des possibles qui restent à construire.

— *Le maquillage :* réservé jadis à quelques élites sociales, il s'est largement développé et vulgarisé dans les sociétés modernes. Malgré son caractère relativement superficiel et fragile, il relève de la ritualité par plusieurs aspects (J.-T. Maertens, bibl.) :

— Le symbole d'une sexualité distinctive : attestation, par un visage maquillé, de sa féminité et de sa présence érogène.

— La pratique répétitive (parfois obsessionnelle) d'un rituel privé au cours duquel la femme d'aujourd'hui se maquille dans

13. Voir J.-T. Maertens, *Le dessin sur la peau*, Aubier.

une sorte de corps à corps avec elle-même et le miroir. Cette pratique suspend d'abord son rapport à autrui et lui fournit ensuite des armes (offensives et défensives) lorsque ce rapport survient avec un inconnu, un partenaire ou un public.

La fonction du maquillage est en effet multiple : satisfaction narcissique généralement dans l'intimité mais parfois ostensiblement ; visée de séduction, voire d'ensorcellement qui culmine chez les coquettes et s'exprime de façon touchante dans les essais des très jeunes filles ; enfin plus globalement réassurance contre la fuite du temps — démarche que vient renforcer, on le verra, la chirurgie esthétique.

Ce n'est pas un hasard si la publicité de la plupart des produits de beauté invoque le recours à la nature régénératrice (mer, algues, plantes, lait, sucs...) mais selon des formules sybillines, rappelant la magie et l'alchimie... Jadis la fabrication de ces ingrédients relevait d'une catégorie de sorciers qui les fabriquaient secrètement à l'aide de substances végétales et d'animaux vivants.

— *Le démaquillage* est lui aussi l'objet d'un rituel au cours duquel le corps féminin reprend en quelque sorte sa nature en renonçant à la parade sociale et sexuelle.

3. **Des soins de beauté à l'intervention esthétique.** — A toutes les époques et si variées qu'en soient les styles, les groupes humains ont pratiqué sur le corps un « travail des apparences », selon l'expression de P. Perrot (bibl.). Ses modes les plus simples concernent la toilette et les soins de beauté. Si l'on peut parler de rituel, c'est qu'ils obéissent à des formes étroitement réglées *aux niveaux privé et public* ; et qu'ils correspondent à des systèmes de croyances et de valeurs dont on peut retracer l'histoire, notamment en ce qui concerne la propreté et l'hygiène[14].

Aujourd'hui la culture du corps et les soins corporels ont pris dans la vie quotidienne une importance considérable en recourant à toutes sortes d'exercices (jogging, gymtonic, massage, yoga), d'artifices et d'ingrédients multiples déjà évoqués à propos du

14. G. Vigarello, *Le propre et le sale*, Seuil, 1985.

maquillage. Mais une démarche plus radicale existe désormais.

La chirurgie esthétique constitue la réponse que la technologie et la médecine contemporaines peuvent apporter aux désirs d'intervention sur le corps. Elle semble d'abord se distinguer des procédés primitifs (déformation, perforation, scarification) par des finalités conjoncturelles (chirurgie réparatrice des accidents et blessures de guerre) et strictement individuelles (embellissement délibéré) ; mais un examen plus attentif en révèle les implications sociales et culturelles et la part de ritualité latente sous la démarche. En effet la chirurgie esthétique s'inscrit dans le souci commun de se conformer à des modèles idéaux en matière d'apparence[15].

La demande d'intervention — en accroissement continu depuis vingt ans émane surtout de femmes exerçant une activité professionnelle (proportion de l'ordre des deux tiers des opérées selon une enquête extensive) ; mais elle s'étend aujourd'hui aux hommes et à des catégories sociales modestes. Deux grands types d'intervention sont effectuées : celles qui remodèlent pour « embellir » (nez et seins surtout) ; celles qui restaurent pour « rajeunir » (lifting du visage, cou, ventre...).

Tandis que le tatouage aujourd'hui vise, comme on l'a vu, à soutenir une identité marginale (contestée ou contestataire), l'intervention esthétique ouvre certes un accès à une autre identité, mais conformément aux critères dominants de l' « idéal corporel », à savoir jeunesse et beauté. Encore s'agit-il ici d'un modèle transculturel ; car Lévi-Strauss rapporte que les indiens Nambikwaras ne possèdent qu'un seul mot pour dire « jeune et beau » et un seul autre pour dire « vieux et laid ».

Les entretiens (pré- et post-opératoires) révèlent que les effets attendus ne sont pas seulement d'ordre esthétique, mais d'ordre social et relationnel. A travers une apparence désirable on vise l'acquisition d'une meilleure image, éventuellement d'un meilleur statut.

15. Sur tous ces aspects lire : I. Faivre, *Psychologie et chirurgie esthétique*, Maloine.

Les interventions esthétiques pourraient ainsi constituer dans notre société l'équivalent de formes très anciennes de ritualité : rites de passage pour la chirurgie de transformation ; promotion vers un autre « état » grâce à une opération qui agit comme un exorcisme en débarrassant l'individu, au plan réel et symbolique, de ce qui est vécu par lui comme un manque ou une tare ; le patient passe en somme de l'état de nature (ingrat et imposé) à l'état de culture (idéal désiré et approuvé). Rites de réconfort et de purification pour le lifting où les marques de l'âge sont ressenties comme souillures, risques de rejet, signes de mort. Dans tous les cas on retrouve l'épreuve de la douleur, le sang versé, les soins ultérieurs mais aussi une sorte « d'attente magique » qui vient à leur rencontre.

Toutefois le recours à la chirurgie garde vis-à-vis du rituel une ambiguïté spécifique : démarche d'embellissement ou de jouvence, elle est souvent liée chez le sujet à un sentiment secret de culpabilité, comme la transgression de l'ordre naturel et du destin. Mais par là encore l'intervention esthétique garde un certain rapport au sacré.

4. **Rituels vestimentaires.** — Le vêtement a été toujours et partout un champ privilégié de la ritualité ; les exemples abondent dans tous les domaines. En secteur religieux, selon les ordres, les rangs, les liturgies ; mais à cet égard les fastes de l'Eglise se sont beaucoup restreints et le prêtre au quotidien ne porte plus la soutane depuis un quart de siècle. En secteur laïc aussi le vêtement a varié selon les statuts, les classes et les situations.

C'est le cas des costumes militaires à travers les siècles et de multiples costumes civils, selon les corporations et les professions. Ce fut longtemps le cas des médecins ; c'est encore aujourd'hui celui des magistrats dans l'exercice de leur fonction. Le vêtement dénotait la classe sociale (aristocratie, bourgeoisie, gens du peuple). Enfin, il dépend toujours des moments et des circonstances de la vie quotidienne ; tenues de semaine et de dimanche ; tenue de travail ou de fête ; tenue libre ou tenue « de rigueur »).

Il n'y a guère qu'un quart de siècle que ce qu'on pourrait appeler « le temps des uniformes » — puissamment distinctifs — a fait place au temps de l'uniformisation — où les différences sociales s'estompent — sans d'ailleurs disparaître, mais en s'exprimant par un éclectisme qui semble aux antipodes du rituel.

Dans la première moitié du siècle, en Occident, employés et ouvriers, par exemple, se distinguaient d'emblée par leur costume : col blanc et complet pour les uns, bleu ou combinaison pour les autres. Dans le cadre de l'atelier subsiste encore çà et là la blouse blanche du technicien et la blouse grise du travailleur sans grade.

Les fêtes et plus couramment les mondanités continuent à requérir un certain rituel. Si on ne s'habille plus pour aller au théâtre ou même à l'Opéra (sauf pour des soirées exceptionnelles réservées au « Tout-Paris », du genre distribution d'Oscars et de Césars — où il s'agit aussi d'attirer l'attention sur soi —) on s'habille encore pour certaines réceptions ou cérémonies dans toutes les classes sociales (frais d'élégance pour assister à un mariage ; tenue correcte mais discrète pour suivre un enterrement).

Il importe de ne pas confondre les rites vestimentaires qui se réfèrent à une certaine sacralité de la personne, du statut ou de la situation avec *la mode*. Malgré la pression qu'elle peut exercer, la mode se distingue par son caractère éphémère et ses variations plus ou moins rapides, parfois cycliques[16]. On assiste depuis une décennie à une accélération des changements de mode qui tient, outre ses enjeux commerciaux, à l'usure des usages traditionnels, et peut-être au sens même de la modernité[17].

Le costume n'en continue pas moins à relever de la ritualité à travers des conduites opposées mais synchroniques de maintenance et de rupture.

16. Flügel, *De la parure vestimentaire*, Aubier.
17. Voir à ce sujet, G. Lipovetsky, *L'empire de l'éphémère*, NRF, 1987.

D'une part on observe la *maintenance* approximative d'un style classique (complet-veston chez les hommes, tailleur ou robe stricte chez les femmes) ; cela dans le milieu des cadres, pour diverses catégories d'employés et aussi dans la classe politique fort soucieuse de rigueur et de sobre élégance lors de ses prestations publiques. Comme si toute transgression ou différence avérée pouvait être périlleuse. On retrouve ici une des fonctions de la ritualité : la réassurance.

D'autre part, on constate une *rupture*, assez ambiguë, oscillant entre la transgression, la dérision et l'innovation à la fois en matière de vêtement, d'allure et de chevelure.

On voit depuis quelques années chez les jeunes, une série de mouvements irruptifs, tour à tour agressifs et assagis. Ils s'expriment par la théâtralité, la parodie, le défi, notamment chez les *punks*, chez les porteurs de vêtements rétro et même chez les *new wawes* avec leur nostalgie du classicisme[18].

Même restreints et marginaux ces comportements paraissent bien traduire, sous le jeu, la provocation, et au-delà d'une mode *la quête de nouveaux rituels* : pour les membres d'une classe d'âge inquiète, il s'agit d'affirmer spectaculairement une certaine identité sociale qui la distingue et la rassemble.

5. **Les groupes corporels.** — On peut ranger sous ce nom tout un ensemble d'expériences et de pratiques proposées par divers organismes de formation depuis une vingtaine d'années. Leur classification est difficile — et même leur inventaire — en raison de leur multiplicité. Pour faire court, il y a ceux qui sont centrés sur la relaxation (de tonalité psychanalytique ou autre) ; ceux qui relèvent du — ou plutôt d'un — yoga (aux références orientales diverses) ; ceux qui visent « l'expression corporelle » et la « rencontre » (groupes portant ces noms mêmes ou ceux de *gestalt*, ou de bioénergie ») ; bien d'autres encore. Ces pratiques — comme les groupes d'évolution et d'expression verbale et la formation relationnelle en général — *constituent un phénomène*

18. Voir à cet égard Obalk, *Les mouvements de mode expliqués aux parents*, « Livre de poche », avec présentation de diverses « panoplies » ; P. Yonnet, *Jeux, modes, masses*, Gallimard et aussi la Revue *Traverses*, 1979, n° 14.

culturel dont nous avons souligné la portée à maintes reprises[19]. L'objectif commun est ici de se sentir mieux dans sa peau, de mieux communiquer avec son propre corps et celui d'autrui, souvent avec une visée thérapeutique explicite. Cela à travers des exercices qui s'apparentent par plusieurs aspects à des rituels : répétition ou progression de séquences (gestuelles, posturales, vocales) souvent proches d'un cérémonial ; rôle dominant (sinon officiant) d'un moniteur ; adhésion de tous les participants à un ensemble de valeurs et d'abord de celle du vécu corporel — quels que puissent être l'éclectisme ou la disparité des référents théoriques[20].

On se limitera au cas des *groupes d'expression intensive* car ils reflètent assez bien la problématique propre au corporéisme contemporain.

En dépit d'amples variations un trait commun ressort : partout c'est un entraînement à écouter vivre son corps à travers un ensemble d'essais et d'exercices ; à exprimer aussi le vécu (feel) de ses sensations internes et externes. Il ne s'agit pas d'un apprentissage au sens de la culture physique ni de ce que Mauss (bibl.) nommait « les techniques du corps ». La vigilance portée ici à son corps n'est pas comme celle portée à l'outil dont il s'agit d'acquérir la maîtrise en termes de performance, mais une attention au soi corporel comme lieu et moyen de découverte hédoniste et aussi de contact et de reconnaissance d'autrui par tous les sens (notamment du toucher, de l'odorat, du goût de la peau à travers des expériences distinctives).

Nous sommes ici aux antipodes des règles de politesse et de réserve évoquées plus haut, mais aussi devant un certain dilemme : les pratiques de ce genre constituent-elles un rituel positif nouveau pour les acteurs ou une contre-ritualité plus ou moins factice ?

19. J. Maisonneuve, *La dynamique des groupes*, et autres ouvrages et articles (bibl.).

20. Les ouvrages relatifs à ces groupes abondants. Certains offrent une synthèse : E. Marc, *Guide des nouvelles thérapies*, Retz ; J. Salzer, *L'expression corporelle*, PUF.

Dans le premier cas le dispositif groupal serait réducteur d'anxiété, source d'évolution, support d'une efficacité symbolique permettant l'accès à une expression affectueuse (ou agressive) préalablement bloquée. Alors le nouveau rituel jouerait son rôle médiateur entre le corporel et le spirituel, l'ici et l'ailleurs ; il permettrait au sujet une réappropriation du corps et du contact en échappant à la répétition de scénarios figés (D. Picard, bibl.). D'assez nombreux témoignages vont dans ce sens.

Mais d'autres apparaissent négatifs ou ambigus. Deux risques sont en effet possibles : soit celui d'une ritualisation stéréotypée consistant à inverser les modèles coutumiers d'interaction ; sous la pression d'une nouvelle norme de groupe des conduites intimistes et expansives remplacent les contacts réservés et le formalisme. L'autre risque serait une dérive perverse : la situation autorisant un glissement insensible des jeux relationnels, certains participants peuvent « agir » furtivement leurs pulsions érotiques et/ou agressives à la faveur du travail d'expression. L'expérience serait alors détournée de sa fonction symbolique[21].

L'existence de ces avatars ne saurait conduire à dénier l'intérêt de ce genre de groupe, très significatif de nos soucis contemporains. Ils constituent à leur manière un essai de réponse aux troubles provoqués chez certains sujets par la crise des rituels communicatoires autant que par leurs problèmes personnels. Mais le reflux de ces pratiques, souvent exclusives, a déjà commencé au profit de formules *pluri-expressives* où règne une conjonction plus assurée du désir et de la règle, et des modes d'expression verbale et corporelle. Alors la recherche collective du sens (perdu ou nouveau) peut s'étayer sur une ritualité ouverte — c'est-à-dire susceptible d'articuler tradition et novation.

21. Sur les rituels dans les groupes d'expression verbale, voir l'article de P. Boyer, Le lieu du cérémonial, Revue *Connexions*, 1973, n° 5.

CHAPITRE IV

THÉORIES DU RITE

Nous avons déjà abordé au cours des chapitres précédents plusieurs aspects théoriques concernant la nature, la fonction et la signification des rituels, en nous référant à Durkheim, Mauss, Van Genepp, Cazeneuve, Goffmann. En fait assez peu d'auteurs se sont risqués à proposer une théorie générale des conduites rituelles, préférant traiter ce thème apparemment banal (mais fluide et complexe) à partir d'une catégorie ou d'un aspect privilégié (interdit, passage, sacrifice). Nous ne pouvons nous-même retenir ici qu'une partie des contributions publiées en nous guidant tantôt sur la visée globale de la théorie, tantôt sur l'intérêt d'apports plus restreints. Tous se fondent sur une documentation ethnologique ou psychosociologique plus ou moins ample, directe ou indirecte ; mais on verra que des soucis d'ordre axiologique ou idéologique ne sont pas exclus, notamment quant à la primauté du groupe ou du sujet, de l'affectif ou du cognitif, du spirituel ou du corporel. Leur présentation forcément sommaire risque d'ailleurs d'accentuer ces aspects doctrinaux ; et il nous arrivera aussi d'exprimer des évaluations ou des critiques — mais en nous étayant constamment sur des citations significatives[1].

1. C'est d'ailleurs là une sorte de rituel du genre !

I. — Les rites comme support socio-affectif : la conception durkheimienne

C'est en étudiant les fondements et les formes élémentaires de la religion que Durkheim (bibl.) fut amené à traiter des rituels. Toutes les croyances religieuses reposent sur la séparation du profane et du sacré ; elles consistent « en représentations qui expriment la nature des choses sacrées et les rapports qu'elles soutiennent entre elles et avec les choses profanes... Les rites, eux, sont les règles de conduite qui prescrivent comment l'homme doit se comporter avec les choses sacrées ». Le rituel constitue donc d'abord le corollaire sensible, opératoire de la croyance (mythes ou dogmes religieux, principes magiques).

Mais Durkheim examine ensuite la fonction latente des pratiques culturelles : si elles resserrent apparemment les liens qui attachent le fidèle à son dieu, du même coup elles resserrent réellement les liens qui unissent l'individu à la société dont il est membre puisque — telle est l'interprétation laïque de Durkheim — « le dieu n'est que l'expression figurée de la société » ; à ses yeux « la technique religieuse n'est qu'une sorte de mécanique mystique » car les opérations matérielles dissimulent des opérations mentales ; finalement « il s'agit d'exercer non pas une contrainte physique sur des forces aveugles — d'ailleurs imaginaires — mais d'atteindre des consciences, de les tonifier, de les discipliner ».

S'interrogeant sur la source et le sens du sacré, Durkheim procède à une sorte d'analyse socioclinique : le caractère sacré d'un être ne tient pas à l'un de ses attributs intrinsèques, mais à des causes fort étrangères à la nature de l'objet sur lequel il vient se fixer. Ce qui constitue les sentiments religieux, ce sont « les *impressions de réconfort et de dépendance* que l'action de la société provoque dans les consciences. Par elles-mêmes ces émotions ne sont liées à l'idée d'aucun objet déterminé » ; mais en tant qu'émotions, elles sont intenses et contagieuses et se localisent sur des supports disponibles (corps propre, sol, animaux, etc.). Pour parodier Lévi-Strauss, on aurait affaire, avec le mana totémique, à une sorte de *signifié émotif flottant* susceptible de se fixer là où est perçue quelque affinité symbolique.

Théorie profonde, mais non exempte d'ambiguïté. D'une part la contagion émotive et la participation ne seraient pas, selon Durkheim, foncièrement irrationnelles ; elles préluderaient même aux explications scientifiques futures dans la mesure où elles saisissent et établissent des *rapports*. Postulat rationaliste, notons-le, car pour être symbolique, un rapport n'est pas pour autant préscientifique. De même soutient-il que la religion n'est pas le produit de la crainte et de l'angoisse de l'homme devant le monde et il s'efforce de distinguer le religieux (qui rend compte de l'ordre des choses) du surnaturel (centré sur les anomalies), et même de la notion de divinité, car il y a des rites sans dieu. « La religion, c'est avant tout la spiritualité. »

D'autre part Durkheim insiste sur le rôle de l'affectivité communielle et de la corporéité, bases d'un symbolisme collectif et de l'expression des liens interpersonnels. Ainsi oscille-t-on entre un certain rationalisme et une sorte d'affectivisme social correspondant à la dichotomie de la pensée et de l'action ; le rituel étant évidemment de l'ordre de l'action qu'il sollicite et qu'il règle, et qui répond à des nécessités peut-être plus universelles que tout autre. Pour Durkheim, libre penseur spiritualiste, « si le principe sacré n'est autre chose que la société hypostasiée et transfigurée, *la vie rituelle doit pouvoir s'interpréter en termes laïcs et sociaux* » — ce qui confère aux rites sous la diversité de leurs aspects une forte unité au niveau de leur objet latent.

Mais en dernier ressort le rite est moins défini par son objet que *par son rôle socio-affectif*, sorte de « réfection morale qui ne peut être obtenue qu'au moyen d'assemblées, de réunions où les individus, étroitement rapprochés réaffirment en commun leurs communs sentiments ». D'où la parenté et même *l'unité de signification de tous les rituels*, sorte de privilège sur la diversité des croyances, mythes et dogmes.

Sans doute la source d'ambiguïté tient-elle à la notion même de croyance, tantôt étirée vers son aspect cognitif de représentation, tantôt vers son aspect affectif de sentiment dynamique. Le terme de *foi*, formulé par Durkheim à maintes reprises, exprime assez bien ce mixte. On dirait alors que s'il peut exister à la rigueur des rites sans dieu, il ne peut y avoir de rites sans foi — ni de foi sans rituel.

Durkheim aborde d'ailleurs ce point capital en évoquant *une crise des rites et des valeurs*, liée à une phase de transition : « Etat d'incertitude et d'agitation confuse qui ne saurait durer éternellement... Un jour viendra où nos sociétés connaîtront à nouveau des heures d'effervescence créatrice au cours desquelles de nouveaux idéaux surgiront et serviront pendant un temps de guide à l'humanité » — idéaux que les hommes exalteront et entretiendront à l'aide de fêtes rituelles. « Quant à savoir ce que seront les symboles où viendra s'exprimer la foi nouvelle, s'ils ressembleront à ceux du passé, cette question dépasse les facultés de prévision et d'ailleurs ne touche pas au fond des choses. » Formule d'optimisme et de suspense qui depuis un siècle n'a reçu qu'une inquiétante réponse : celle des religions politiques et des idéologies totalitaires.

II. — Une conception intellectualiste : C. Lévi-Strauss

Lévi-Strauss traite des rites dans plusieurs de ses ouvrages (bibl.), fournissant à leur sujet deux apports majeurs : un essai de théorie générale lié à une position strictement intellectualiste ; un essai d'explication de l'efficacité (réelle et symbolique) des rituels.

1. **Contre l'affectivisme.** — Lévi-Strauss commence par critiquer les théories de ses devanciers[2] ; aussi bien serons-nous amenés pour la commodité de l'exposé à ponctuer la présentation de la pensée de certains commentaires critiques.

En dernière analyse, Durkheim (comme Freud dans *Totem et Tabou*) dérive les phénomènes sociaux de l'affectivité. « Sa théorie du totémisme part du besoin et s'achève dans un recours au sentiment. » De même sa théorie de l'origine collective du sacré « reposerait sur une pétition de principe : ce ne sont pas des émotions actuelles ressenties à l'occasion des cérémonies qui engendrent et perpétuent les rites, mais c'est l'activité rituelle qui suscite les émotions. Loin que l'idée religieuse soit née de milieux sociaux effervescents et de cette effervescence même, ils la supposent ». Bref Durkheim, sans récuser la part de l'activité mentale, finit par affirmer le primat du social sur l'intellect.

De même Malinovski[3] estime que tous les rites et pratiques magiques se réduiraient à un moyen pour l'homme d'abolir ou d'atténuer l'anxiété qu'il ressent quand il s'engage dans des entreprises incertaines ; mais là encore on prend pour une cause ce qui n'est qu'une conséquence ou à la rigueur un phénomène concommittant lié à un désordre intime dont le sujet ignore lui-même s'il est physique ou mental.

Le problème est repris vingt ans plus tard dans le Finale de *L'Homme nu* (bibl.). Après s'être vivement défendu d'être personnellement dénué d'affectivité, Lévi-Strauss en revient au problème du rituel qu'un collègue l'aurait mis au défi de rattacher à des opérations intellectuelles. C'est justement ce qu'il va tenter de faire.

2. Voir *Le Totémisme aujourd'hui*, PUF.
3. *Magie, science and religion*, Boston, 1948.

2. **Colmater le vide et « coller au vécu ».** — Il s'attache d'abord à articuler l'acte rituel vis-à-vis du récit mythique. Celui-ci cherche à maîtriser les phénomènes naturels et sociaux par des schèmes, des catégories, une histoire, afin de baliser une continuité confuse. Mais « la fluidité du vécu tend à s'échapper à travers les mailles du filet que le mythe a lancé sur lui. « D'où le rôle complémentaire du rite qui procède par fractionnement et répétition. » « En morcelant des opérations qu'il détaille à l'infini et répète sans se lasser, le rituel s'adonne à un rapetassage minutieux, il bouche les interstices, rétablit du continu à partir du discontinu. Son souci maniaque... traduit un besoin lancinant de garantie contre toute rupture qui compromettrait le déroulement du vécu. »

En somme la distinction entre rite et mythe serait « celle du vivre et du penser » et le rituel représenterait « un abâtardissement de la pensée consciente aux servitudes de la vie ». Le rite court après un continu vital, toujours fuyant, d'où résulte « ce mélange d'obstination et d'impuissance » qui lui confère son côté obsessionnel et désespéré.

Selon Lévi-Strauss « le rituel ne provient donc pas d'une réaction spontanée au vécu ; il se retourne vers lui et les états d'anxiété qui l'engendrent (ou qu'il engendre ; l'accompagnant donc, admet-on, dans les deux cas), n'expriment pas une relation immédiate de l'homme au monde, mais l'inverse ; c'est-à-dire une arrière-pensée née de la crainte qu'à partir d'une vision schématique et conceptualisée du monde, l'homme ne puisse parvenir à retrouver le chemin du vécu ».

Théorie profonde mais catégorique, où l'auteur oppose constamment l'affect à l'intellect, le corps à l'esprit, la biologie à la psychologie. « L'homme ne ressent pas, ne peut pas ressentir d'anxiété devant l'incertitude de situations simplement vécues sauf dans le cas où celle-ci serait d'origine physiologique et correspondrait à un désordre interne et organique. »

Or précisément beaucoup de rites se rapportent à des situations plus ou moins traumatiques de transition et d'épreuves : puberté, accouchement, deuil. Lévi-Strauss n'en estime pas moins que dans le cas du rituel « l'anxiété relève d'un tout autre ordre qui n'est pas existentiel mais, pourrait-on dire, *épistémologique*. Le rituel n'est pas une réaction à la vie mais à ce que la pensée a fait d'elle. Ce qu'il cherche à surmonter, ce n'est pas la résistance du monde à l'homme, mais la résistance de l'homme à la pensée ».

Tout se passe comme si le souci de ne conférer aucune primauté à l'affectif empêchait Lévi-Strauss d'envisager que celui-ci se situe précisément à la charnière de l'organique et du psychique et ne puisse générer chez l'homme (et peut-être déjà chez l'animal) un premier sens.

Les exemples polaires du rire et de l'angoisse que Lévi-Strauss avait analysés plus haut avec profondeur se situent précisément à cette charnière, l'un correspondant à une gratification, l'autre à une frustration de la fonction symbolique « qui s'interpose nécessairement entre monde pensé et monde vécu » — mais non moins nécessairement (c'est nous qui l'ajoutons) est un mixte d'affect et d'intellect.

Ce que Lévi-Strauss soutient à notre avis à juste titre, c'est que le rituel n'est pas sur le versant de l'instinct et que le terme de ritualisation appliqué à certaines conduites animales est impropre, fondé sur les seules apparences ; car il s'agit ici de mécanismes montés d'avance, inertes et latents jusqu'à ce qu'une stimulation spécifique les déclenche automatiquement. Sans récuser l'existence d'un symbolisme rudimentaire chez l'animal, il serait fort arbitraire de lui conférer l'intentionnalité du rituel humain le plus archaïque. Mais comme nous l'avons déjà dit, nous ne pouvons traiter ici dans son ampleur le problème des rituels en éthologie animale.

Quant à la complémentarité hiérarchisée qu'établit Lévi-Strauss entre mythe et rite, on pourrait renverser sa perspective : soutenir que le rite précède le mythe en constituant d'abord le premier essai de l'homme pour maîtriser sa relation anxieuse au monde, par une sorte de magie sympathique et de symbolisme rudimentaire ; en laissant place ensuite à une activité plus intellectuelle, ordonnatrice et classificatoire qui, comme le pensait Durkheim, prélude à la science sans épuiser pourtant le rapport au sacré et la part de la foi. Thèmes auxquels Lévi-Strauss fait allusion au terme de son « Finale » en recourant à des expressions chez lui rares ; celles « d'intuition confuse » et « d'incommensurabilité de la connaissance à ses objets ».

En toute occurrence, selon cette théorie, le rituel vise à colmater le vide, ou plutôt le sentiment du vide que provoque la démarche intellectuelle en largant le vécu. Il s'agit bien au fond d'une réassurance contre l'angoisse, et pour avoir une dimension épistémologique, celle-ci n'en demeure pas moins existentielle. Aussi bien la mise en jeu de la fonction symbolique est-elle inséparable de l'affectivité.

Enfin une extension de la théorie aux rites séculiers demeure incertaine et mériterait un examen exprès.

III. — Le rite et l'efficacité symbolique

Il est temps de revenir sur une expression à laquelle nous avons recouru plusieurs fois à propos des effets du rite sans en approfondir le sens et les implications.

1. Durkheim le premier aborde le problème dans un passage bref mais percutant, et il le fait en termes de psychologie sociale (bibl. p. 496) : « Quand on voit de quoi sont faits les rites et ce à quoi ils

tendent, on se demande avec étonnement comment les hommes ont pu en avoir l'idée et surtout comment ils y sont restés si fidèlement attachés. » D'où viendrait l'importance de « quelques grains de sable jetés au vent ou quelques gouttes de sang sur un rocher... ». Il pourrait s'agir « d'un simple jeu d'images hallucinatoires ». Les ressorts psychologiques de la croyance n'entraînent pas sa valeur objective. « Pour que nous soyons fondés à voir dans *l'efficacité* attribuée aux rites autre chose que le produit d'un délire chronique dont s'abuserait l'humanité, il faut pouvoir établir que le culte a réellement pour effet de recréer périodiquement un être moral dont nous dépendrons comme il dépend de nous. Or cet être existe, c'est la Société. » En bref, c'est l'entretien même *du tonus social et relationnel* qui constitue à la fois la source et le résultat des rituels.

2. Le problème a été repris par C. Lévi-Strauss (bibl.) et plus récemment par F. Isambert (bibl.) qui formule cette hypothèse liminaire : ce qu'on nomme l'efficacité symbolique pourrait bien constituer une forme spécifique d'explication qui serait une version de la causalité magique acclimatée à la culture occidentale.

Comment réagir à cette hypothèse ? Lévi-Strauss accordait ici un rôle majeur au consensus collectif et au vécu affectif.

Analysant les modes d'intervention des *shamans* d'Amérique centrale, il constate que l'efficacité symbolique se développe sur trois plans selon une triple expérience : « Celle du shaman lui-même qui éprouve des états de nature psychosomatique liés à ses procédures ; celle du malade qui ressent ou non une amélioration ; enfin celle du public qui participe à la cure et dont la satisfaction intellectuelle et affective détermine l'adhésion collective. »

Il expose un cas frappant concernant un accouchement difficile : le shaman procède à une incantation où il prend en quelque sorte la tête du combat contre les forces nuisibles en référence à un mythe traditionnel dans la tribu de la parturiente ; cette intervention est doublement régulatrice : au niveau des représentations, elle permet à la femme de concevoir et d'ordonner ce qui était vécu comme irruption arbitraire dans son corps, c'est-à-dire de donner un sens à sa douleur ; au niveau de l'action, cela facilite un effort victorieux en s'identifiant au shaman qui lutte pour elle. Lévi-Strauss établit des analogies entre la cure shamanique et la psychanalyse où des résistances inconscientes peuvent être levées en libérant chez le sujet des ressources bloquées. Ici « le shaman fournit à sa malade un langage dans lequel peuvent s'exprimer des états autrement informulables ». Et c'est ce passage à l'expression verbale qui provoque le déblocage du processus physiologique de l'accouchement.

L'efficacité symbolique ne repose donc pas seulement sur la crédulité du patient, ni sur la simple suggestion du sorcier, ni sur l'effet d'un contact, puisque le shaman ne touche même pas le corps de la malade ; mais il en « parle » les avatars. On peut dire qu'il s'agit d'une *manipulation psychologique* à visée régulatrice étayée sur une foi.

3. Cette analyse épuise-t-elle la problématique ? F. Isambert (bibl.) en doute, car malgré sa consistance et une éventuelle efficacité, la procédure même du shaman relève de l'illusion aux yeux de la pensée scientifique[4]. Or Lévi-Strauss se place bien sur le terrain de l'explication et non de la seule compréhension ethnologique d'une autre mentalité ; l'efficacité symbolique repose sur la croyance, la foi, mais elle est efficace puisque (ou lorsque) elle guérit. Ici la référence à des « processus psychosomatiques » est admissible (comme dans tous les systèmes magiques, religieux, voire médicaux). Elle ranime en tout cas le vieux problème philosophique des rapports entre la pensée et le mouvement (hiatus ou lien), problème

4. Le paragraphe d'Isambert s'intitule lucidement « Illusion efficace et efficacité illusoire ».

qui sous-tend les conceptions scientifiques du psychosomatisme. Personne n'est encore équipé pour fournir une réponse décisive.

Si on se livre à l'étude de certains phénomènes concrets n'obéissant pas ou mal à la volonté (marche, érection, phobies, obsessions), on constate que l'intervention peut déclencher non seulement des effets physiques (capacités retrouvées ou délivrance) mais aussi des états existentiels (joie, sérénité). Le rite comme manipulation symbolique a donc d'autres effets que la guérison du corps, ceux précisément que recherchent les religions — et tous les êtres (religieux ou non) animés d'espérance.

Ainsi ressort finalement la force et la limite du symbole dans sa relation au rituel. L'efficacité ne peut être imputée au seul symbole. L'offre d'une procédure symbolique (shamanique, psychanalytique ou autre) resterait stérile face à l'apathie. Attente, présence du désir et de l'espoir que l'intervenant stimule chez l'individu ou le groupe et que les symboles médiatisent, doivent coexister. En définitive, le rite apparaît comme la condition nécessaire d'une efficacité symbolique mais il n'opère que s'il rencontre une demande d'une suffisante intensité.

IV. — **Les rites comme actes d'institution ; apports de P. Bourdieu**

Bourdieu (bibl.) reprend le problème de la fonction sociale du rite à partir d'une réflexion sur ce que Van Genepp a nommé rites de passage. En mettant l'accent sur le processus temporel, cette expression risque de masquer un effet essentiel du rite qui est « de *séparer* ceux qui l'ont subi non de ceux qui ne l'ont pas encore subi, mais de ceux qui ne le subiront jamais parce qu'il ne les concerne pas ». En ce sens il vaudrait mieux parler de rites de *consécration* ou d'institution en donnant à ce mot un sens actif (comme pour l'institution d'un héritier).

Parler en ces termes, « c'est indiquer que tout rite tend à reconnaître comme *naturelle* et légitime une limite *arbitraire* ». Si on prend le cas de la circoncision, une limite avant/après sépare certes l'enfant circoncis des autres, mais surtout elle établit une division entre ceux qui sont justiciables ou non du rituel, c'est-à-dire les genres masculin/féminin dont elle consacre la différence. Et quelle que soit l'opération distinctive, elle attestera que « cet homme est un homme — sous-entendu, ce qui ne va pas de soi, un vrai homme » — tendant à faire de l'homme le plus faible et le plus efféminé un homme par essence, séparé radicalement de la femme, fût-elle forte et virile.

Bourdieu se plait aussi à citer l'exemple du « concours, qui créerait entre le dernier reçu et le premier collé une différence du tout ou rien et pour la vie ; l'un sera polytechnicien avec tous les avantages afférents, l'autre ne sera rien ».

Le rituel s'apparenterait donc à un acte de *magie sociale* qui peut soit créer la différence *ex nihilo* en conférant des « titres sociaux », soit plus fréquemment exploiter des différences préexistantes de sexe, d'âge ou d'ethnie. Dans tous les cas « c'est un coup de force symbolique ».

Il s'agit en somme d'une investiture signifiant à l'un son identité, à l'autre son néant, mais aussi d'une injonction tacite à assumer son rôle. « Celui qui est institué se sent sommé d'être conforme à sa définition... » Sauf accident dans le cas du noble qui déroge ou du bourgeois qui s'encanaille. Une fonction corrélative du rituel d'institution est de décourager durablement la tentation de transgression ou de démission. Aussi s'accompagne-t-il souvent d'épreuves physiques ou intellectuelles, de menaces latentes destinées à inculquer aux « impétrants » le sens des limites et des distances en matière de sexe, d'âge, de classe — tout en tolérant une certaine marge de liberté.

Car l'investiture rituelle est un alibi devant l'opinion, en permettant aux privilégiés de résister aux démentis pratiques ou ludiques. « Si le polytechnicien se révèle nul en math, on pensera qu'il le fait exprès ou qu'il s'investit ailleurs. » Cela fournit aux élus des « stratégies de la condescendance », sorte de transgression symbolique des limites qui autorise à la fois les profits de la conformité et ceux de la fantaisie ; c'est le cas de l'aristocrate tapant sur l'épaule du palefrenier et dont on dira qu'il est simple ; ou le cas de l'intellectuel qui peut en matière de langage se permettre des vulgarités « affectées », interdites au petit bourgeois.

Les rituels comme actes de magie sociale ne peuvent toutefois réussir que s'ils sont tacitement garantis par la *croyance collective*. Sinon il n'y a plus de différence entre l'acteur légitime et l'imposteur ou l'usurpateur qui n'est pas ce qu'on croit qu'il est, ou qui s'empare sans titre d'une fonction sinon d'un statut. « La croyance de tous est la condition de l'efficacité du rituel. On ne prêche que des convertis et le miracle de l'efficacité symbolique disparaît si l'on voit que la magie des mots ne fait que déclencher des ressorts préalablement montés » (dispositions ou habitus).

Cette conception s'appuie sur une analyse pénétrante et une argumentation inégale. Elle implique d'une part un glissement de sens du « conventionnel » à « l'arbitraire ». Le premier est inhérent à beaucoup d'opérations distinctives ou hiérarchiques requises par la vie sociale ; les conventions peuvent d'ailleurs changer selon l'issue des conflits. L'arbitraire est de l'ordre de la gratuité et du caprice et semble correspondre chez l'auteur à une sorte d'illégitimité foncière, sinon d'intentionnalité perverse.

On remarquera d'autre part (plus encore que chez Lévi-Strauss) l'occultation de la dimension affective dans l'émergence et la pérennité des rituels ; ceux-ci ne se maintiendraient en quelque sorte que par l'habileté des classes privilégiées à exploiter la crédulité des autres, et par le montage d' « habitus » chez tous. Dans cette perspective on saisit mal comment surviendrait une crise des rituels. Celle-ci doit atteindre le jeu des sentiments et des valeurs, au cœur même des rapports sociaux, en entraînant avec elle, doute, désaffection, désignifiance. Nous y reviendrons à la fin.

V. — Les apports psychanalytiques

Freud (bibl.) aborde à plusieurs reprises dans son œuvre le problème des rituels, leur genèse et leur fonction, en combinant ses propres recherches cliniques, certaines données ethnologiques de seconde main à des spéculations théoriques étroitement liées à la psychanalyse.

1. Un premier apport notoire concerne la comparaison des conduites obsessionnelles propres aux névrosés avec les rituels religieux et l'interprétation de leur analogie.

Le cérémonial névrotique consiste en petits actes, apparemment insignifiants mais indispensables au sujet sous peine d'éprouver une forte angoisse, ce qui leur confère à ses yeux une sorte de sacralité. « La ressemblance avec les actes sacrés du rite religieux consiste dans la peur, en cas d'omission ; dans la complète isolation des autres activités (défense d'être dérangé) et dans le caractère méticuleux de l'exécution. » Une approche clinique montre le caractère significatif de ces conduites singulières, « mesures de défense et de protection », qui se rattachent à des événements frappants et des sentiments refoulés jadis vécus par le sujet ; il convient donc de les interpréter biographiquement et symboliquement. D'autre part, la compulsion de répétition qui caractérise le rituel privé est semblable aux exigences itératives des rites collectifs.

En fonction de ces analogies on pourrait, selon Freud[5] « se risquer à considérer la névrose obsessionnelle comme une sorte de pendant pathologique à la formation des religions ; et qualifier la névrose de religion individuelle, la religion de névrose obsessionnelle universelle ». Un renoncement progressif à des pulsions fondamentales (sexuelles et égoïstes) semble être à la base de l'évolution culturelle des hommes. Une partie de ce refoulement des instincts est accomplie par les religions. L'avenir de l'illusion religieuse est incertain mais Freud formule à cet égard en 1927 à Vienne une troublante mise en garde : « Si l'on veut expulser la religion de notre civilisation européenne, on n'y pourra parvenir qu'à l'aide d'un autre système doctrinal et ce système, dès l'origine, adoptera toutes les caractéristiques psychologiques de la religion : sainteté, rigidité, intolérance et la même interdiction de penser en vue de se défendre... »

2. L'étude des *interdits et des épreuves initiatiques* ont constitué pour Freud un autre thème de réflexion.

Le tabou (avec les rituels afférents) lui apparaît comme une prohibition très ancienne, « imposée par une autorité et dirigée contre les désirs les plus intenses de l'homme. La tendance à la transgression persiste dans son inconscient et il reste ambivalent à l'égard de ce qui est tabou ». Il en résulte des sentiments de culpabilité et l'instauration de rites sacrificiels et expiatoires, exprimant un renoncement (partiel) au désir et une punition pour la transgression réelle ou imaginaire.

Cela conduit Freud à formuler une audacieuse

5. *Actes obsédants et exercices religieux.*

hypothèse originelle, sorte de mythe psychosociologique :

La horde primitive aurait été dominée par un père-chef violent et jaloux, gardant pour lui la totalité du pouvoir et des femmes. Les fils frustrés se rebellèrent contre cet état de choses et s'unirent pour tuer leur père. Mais ce meurtre collectif d'un maître admiré entraîna du repentir et une « identification » à lui-même et entre eux. Ainsi « le mort devenait plus puissant que jamais », les frères allaient revenir à la loi du père ; « s'ils voulaient vivre ensemble, il fallait instituer la prohibition de l'inceste par laquelle ils renonçaient tous à la possession des femmes du groupe, alors que c'était surtout pour s'en emparer qu'ils avaient tué le père ». Et Freud estime que tout homme revit au plan imaginaire dans sa petite enfance ce drame œdipien en chaque famille recommencé.

Cette hypothèse a été très contestée de toutes parts ; elle n'en demeure pas moins saisissante en ce qu'elle fonde sur un meurtre initial et réel l'origine du lien social et des pratiques rituelles destinées à le préserver[6].

3. Un autre apport original a été fourni par *B. Bettelheim* (bibl.) au problème des rites d'initiation. Les explications antérieures lui paraissent insuffisantes. Celle de la sociologie les ramène souvent à un rite de passage introduisant l'adolescent à son statut d'adulte et ne s'attachant guère au sens proprement sexuel des moyens utilisés. Celle du mythe freudien de *Totem et Tabou* fait intervenir la répression sexuelle sans tenir compte du désir subjectif latent qui vient à la rencontre de l'épreuve imposée.

L'inventaire des procédures initiatiques, et notamment le cas exemplaire de la circoncision, montre qu'il s'agit de *blessures réelles et symboliques* intervenant généralement au moment de la puberté où doit s'établir une nette distinction entre le masculin et

6. Voir plus loin la théorie de René Girard et aussi E. Enriquez, *De la horde à l'Etat*, NRF.

le féminin. Chaque sexe est anxieux quant à ses capacités et envieux des organes et du pouvoir de l'autre.

Si la psychanalyse a insisté sur la revendication phallique chez la fille, elle a négligé son pendant : le désir de fertilité féminine chez le garçon. La circoncision, en faisant couler le sang de l'organe masculin comme le fait régulièrement l'organe féminin, mais une seule fois pour toutes — là est le symbole — fournirait une sorte de compromis.

Bettelheim fonde sa thèse à la fois sur des données ethnologiques et sur des observations cliniques auprès de groupes de jeunes psychotiques où apparaissent des résurgences très frappantes de ces rituels de mutilation. Il ne prétend pas traiter de l'homme primitif mais « de ce qui est primitif en l'homme ». Par le biais de ces pratiques spontanées et secrètes, ces adolescents cherchent à leur manière à maîtriser l'énigme de notre bisexualité et l'angoisse de la différence.

Il convient d'ajouter que ces jeunes sont conduits à pallier une carence et à réinventer en quelque sorte des rituels que la société ne propose plus (ou plus guère) à une époque où les rites de passages sont émoussés ou contestés. Rien n'implique non plus que les blessures symboliques soient le propre de communautés psychotiques ; car l'information manque aux adultes sur les bandes de jeunes en terrain libre — pour des raisons évidentes puisqu'elles tiennent à la nature même de telles bandes, où l'observateur et l'étranger ne sauraient être admis. Ce qui en transparaît confirme l'importance d'une sorte « d'inter-formation sexuelle » sans doute étayée par quelque ritualité spontanée.

VI. — **Rites, mimêsis et violence selon René Girard**

R. Girard (bibl.) a reposé il y a une quinzaine d'année, en philosophe, le problème de la genèse et de la fonction des rituels à partir de réflexions, de documents ethnologiques et de textes comparés d'origine biblique, grecque et parfois moderne.

Il fait l'hypothèse d'un état originel de violence généralisée qui ne tiendrait pas à l'exploitation et à l'aliénation (au sens marxiste), ni à la seule rivalité œdipienne entre père et fils (selon le schème freudien) mais à une violence réciproque qui se déchaîne entre égaux, « doubles », qui veulent chacun s'approprier l'autre dans son être et dans son avoir.

La *mimêsis* (qui désigne l'imitation au sens fort) est à la fois, selon cet auteur, la source de tout apprentissage et de toute rivalité, force de cohésion et de dissolution ; redoutée par les uns qui en pressentent les risques, méprisée par les autres qui réduisent sa portée aux conduites du conformisme ou de l'apparence. C'est le cas aujourd'hui des sciences humaines, de l'art et de la littérature « où l'on s'efforce de ne ressembler à rien ni à personne mimétiquement ». Ce n'est pas là simple erreur, oubli ou forfanterie, mais une espèce de *répression* spontanée du conflit mimétique lui-même ; processus fondamental dans toutes les cultures jusqu'à la nôtre.

En effet, les hommes, poussés par « un désir mimétique d'appropriation » entrent en lutte pour posséder tous ces objets que les membres d'une communauté sont généralement incapables de se partager pacifiquement : femmes, nourritures, armes, territoires ; ne disposant pas à l'origine d'un système judiciaire, ils auraient trouvé dans les interdits d'abord un frein, puis, lorsqu'ils ne suffisent pas, dans les rites sacrificiels une sorte de *violence de rechange localisée sur un être unique* ; d'abord un membre du groupe (victime émissaire), puis un être relevant d'une catégorie « sacrifiable » (étrangers, animaux, biens et objets divers).

Ce processus permet d'effectuer sur le dos du substitut une réconciliation au moins provisoire ; et il conduit à une *sacralisation de la victime* ; car le retour au calme paraît confirmer du même coup sa responsabilité dans les troubles d'abord, puis dans l'apaisement consécutif à sa mort.

Le sacrifice apparaît ainsi le point culminant de tous les rituels ; animal ou humain, réel ou symbolique, sa fonction n'est pas tant d'expier une faute que de détourner la violence et de mettre fin à son escalade. Il est donc à la base des religions et ultérieurement des institutions judiciaires ; intervenant ensuite régulièrement en dehors des périodes de crises, les rituels jouent un rôle non plus curatif, mais préventif. Tout cela se passe sans que les acteurs en aient la conscience claire sous l'effet de la répression mentionnée plus haut : ce sont « des choses cachées depuis la fondation du monde », selon le titre même du dernier ouvrage de R. Girard.

Tous les rituels visent finalement à expulser le « maléfique » grâce à des opérations de plus en plus symboliques en passant des rites magico-religieux à des rites théâtraux ou thérapeutiques. Girard souligne la place éminente de la tragédie grecque entre l'ordre religieux archaïque et un ordre étatique plus moderne. « Au lieu de substituer à la violence collective originelle un temple et un autel sur lequel on immolera réellement une victime, on a alors un théâtre et une scène sur laquelle le destin d'un héros mimé par un acteur purgera les spectateurs de leurs passions et provoquera une nouvelle *catharsis* individuelle et collective aussi salutaire pour la communauté. »

Dans le système judiciaire, la peine de mort se situe directement dans le prolongement rituel de la violence fondatrice ; elle fonctionne comme libération purificatoire du groupe. Il en va de même pour l'exil et, plus récemment, pour l'interdiction de séjour ou le refoulement aux frontières. Dans la perspective de l'auteur, bien qu'il ne le mentionne pas, on pourrait considérer la politesse comme une précaution contre le surgissement toujours potentiel de la violence. Aussi bien savons-nous que ces résurgences se produisent dans le champ des religions politiques et dans les situations de masse lorsque « la fête tourne mal ». L'affadissement de la ritualité locale facilite cette dégradation et la violence envahit le stade ou la fête dans un monde où le sacré et le religieux deviennent des entités séparées ou dévaluées.

La théorie de R. Girard est certes invérifiable en tant qu'hypothèse « originaire » mais possède une large portée ; elle propose une grille de lecture saisissante pour beaucoup de mythes, de rituels et de textes relevant de multiples cultures — jusqu'à la nôtre. Des critiques ont souligné son caractère parfois paradoxal et réducteur ; car en un sens elle apparaît comme une conception athée du religieux et une réduction de la métaphysique du sacré aux avatars des rapports humains ; un nouvel anthropocentrisme. Or le sacré peut désigner autre chose « qu'une transfiguration de la violence humaine » — une valeur intrinsèque et suprême.

En vérité l'élucidation quasi rationnelle de ce qui se cache sous la violence et les rituels ne conduit pas René Girard à la négation de toute dimension religieuse ni au scepticisme. Dans un second ouvrage (bibl.) il propose « une lecture non sacrificielle de l'Evangile et notamment de la mort du Christ. Jésus meurt non pas dans un sacrifice rituel, *mais pour qu'il n'y ait plus de sacrifices*, et au nom de la miséricorde ». Seule sa parole, si on sait l'entendre, apporte une rupture du cercle de la violence et des fausses transcendances, un nouvel ordre de l'amour.

C'est ce message qu'il faut reprendre car il donne un sens aux enjeux de la crise actuelle des valeurs et des significations ; « à savoir notre disparition définitive ou notre accession à des formes de conscience et de liberté que nous soupçonnons à peine... Il s'agit toujours de rejeter la violence et de réconcilier les hommes mais sans qu'il y ait cette fois de *dehors*... Je reconnais qu'il existe pour moi une dimension éthique et religieuse, mais c'est un résultat de ma pensée ». Il n'y a pas de recettes (idéologiques ou ritualistes) ; ce dont nous avons besoin aujourd'hui, ce n'est plus d'être rassuré, c'est d'échapper à l'insensé — où se complaisent beaucoup de discours intellectuels et/ou irrationnels.

Appel à la lucidité, sinon à la rationalité ; René Girard semble penser que l'homme pourrait se passer de rituels (en tant que médiateurs du sacré) au prix d'une double prise de conscience : l'une de crainte devant les risques de la violence nucléaire ; l'autre d'amour grâce à une relecture du message du Christ.

A leur lumière « la crise actuelle n'est pas moins redoutable, mais elle acquiert une dimension d'avenir, un sens réellement humain ». Il s'agit finalement d'une sorte de pari sur l'esprit — n'est-ce pas ici la forme ultime du sacré ? Mais on regrettera que R. Girard n'examine guère la fonction d'étayage assurée par les rites séculiers au niveau quotidien.

VII. — Un essai de synthèse : Les Ritologiques de J.-T. Maertens (bibl.)

Jean-Thierry Maertens (bibl.) cherche à intégrer un ensemble d'apports empiriques et conceptuels issus des diverses sciences humaines et propose une perspective diachronique des rituels selon trois grands systèmes culturels dénommés *sauvage*, *barbare*, *civilisé*. Pour Maertens comme pour l'anthropologue américain V. Turner[7], les rites sont tous destinés à réduire l'anxiété existentielle en permettant d'affronter l'inconnu et l'altérité. Quatre ouvrages sont centrés sur le corps, lieu d'inscription rituelle, porteur de masques et de vêtements et objet d'un certain discours combinant l'érotique et l'économique.

Toutes les cultures « ont redouté ce corps si proche de la nature perdue et s'en sont progressivement écarté, mettant en place des ritualités substitutives et décorporéisées » (vêtement, écriture, argent). Par ces processus l'apprentissage social, corrélatif au langage, déplace sur des objets symboliques « la quête de l'objet perdu, le corps-mère originel ». Dans tous les cas le rite impose à la fois une répression du corps et un moyen de repérage qui situe respectivement hommes et femmes, jeunes et adultes, initiés et non-initiés, permettant le jeu des échanges et des

7. *The ritual process*, Chicago, 1969.

passages en fonction du système économique et juridique.

Car des ritualités distinctes apparaissent selon les modes de production des sociétés et le type de rapport que le corps soutient avec cette production : « Des sociétés *(sauvages)* respectent la simultanéité du pulsionnel et du fonctionnel dont le corps est le foyer. D'autres *(barbares)* répriment l'érogène pour privilégier la force du travail. D'autres enfin *(civilisées)* aliènent également l'un et l'autre. »

Bien que l'auteur adopte cette typologie et cette terminologie pour leur « commodité classificatoire », indépendamment de leur signification évolutionniste, elle présente des risques évidents de simplification et d'évaluations arbitraires. Réduite à une hypothèse de travail, elle permet de regrouper des données disparates et d'articuler certaines dimensions majeures des processus collectifs.

Ainsi en va-t-il pour les dimensions économiques et politiques : en système sauvage, le corps dispose à la fois de sa force de travail pour subsister en pratiquant des techniques rudimentaires et entretient des liens érotiques et symboliques avec la nature dans laquelle il s'insère par la fête et le labeur. En système barbare, le corps tend à être considéré surtout pour sa force de production, l'érogène étant réprimé chez les dominés (esclaves et femmes). Corrélativement s'établissent des rapports de castes ou de classes. Le corps (la corporation) y devient une dénomination pour maintenir l'unité symbolique où l'individu, même frustré de sa part d'érogène, s'apparaît comme « membre ». En système civilisé les dichotomies s'accentuent ; urbanisation et industrialisation coupent le corps de la nature et les capitalismes (privés ou étatiques) réduisent la force de travail à une valeur marchande, comme l'attestent les salaires avec leurs échelles et leurs rituels propres. Energie et érotisme ne sont plus que les signifiants d'un discours qu'ils ne contrôlent pas ; qu'il s'agisse du costume ou du maquillage, de la femme quelconque ou du couronnement de Miss Univers, tous régis par le jeu des modes et des médias.

Dans tous les cas où notre société a maintenu ou promu certains rituels corporels on constate, selon Maertens, une sorte d'affadissement, tant pour l'aspect physique des pratiques que pour l'investissement affectif qui s'y relie. Un long processus conduit à *décorporéiser les rites* en substituant aux impacts et aux contacts corporels des jeux de signes qui tendent eux-mêmes à perdre leur signification. A la limite le corps même se déritualise et le rituel tend à se dissoudre dans la dérision ou l'indifférence. Ce contre quoi réagissent précisément un ensemble de courants marginaux qui s'attaquent à la culture au nom de la nature par le sursaut et le scandale. Encore s'agit-il de savoir si les conduites transgressives qu'ils développent ne sont que des anti-modèles ou l'ébauche de rituels nouveaux. Et Maertens tend plutôt à répondre dans un sens négatif à cette question déjà posée au cours des deux chapitres précédents.

En dépit d'un certain dogmatisme, l'intérêt des *Ritologiques* consiste dans leur effort pour conjuguer les approches sociologique et psychanalytique à la faveur de certaines intuitions de caractère socio-clinique, plutôt qu'en recourant à une méthodologie explicite. Les analyses les plus pénétrantes concernent certains rituels transculturels, notamment le tatouage, le masque et le voile.

Mais l'entreprise s'expose à une double critique. D'une part l'extension abusive du terme de « rite » qui finit par désigner tout ce qui est institué, coutumier et conventionnel. C'est d'ailleurs une difficulté récurrente que nous avons essayé de réduire au cours du premier chapitre. D'autre part la thèse centrale d'une déritualisation progressive et quasi inéluctable repose sur une argumentation consistante mais non décisive. La sécularisation suscite de nouveaux rituels et elle n'équivaut pas à une désacralisation radicale ; nous en avons rencontré maints exemples, même s'il est actuellement impossible, comme l'estime J. Wunenburger (bibl.) de faire un pronostic sur l'avenir du sacré.

CONCLUSION

En dépit de disparités ou parfois d'antagonismes, on voit ressortir à travers les conceptions précédentes un ensemble de convergences et de complémentarités. Les rites jouent un rôle sans doute irremplaçable dans le maintien et le renforcement du lien social ; et simultanément dans la consécration des différences de statut compensées par une articulation des rôles. En outre le propre de ces « techniques sociales symboliques » — selon la définition condensée que I. Chiva (bibl.) donne des rites — est de marquer dans le flux quotidien la discontinuité des événements et des vécus, en accentuant leurs temps forts, l'avant et l'après, et en solennisant les institutions et les interactions les plus significatives pour les acteurs sociaux.

De même retrouve-t-on dans plusieurs théories l'importance des rituels pour la régulation des affects, notamment en tant que réducteurs d'angoisse — qu'on dénomme celle-ci religieuse, existentielle ou épistémologique. Les systèmes symboliques auxquels ils se réfèrent en actes et en paroles visent non seulement à ordonner et propitier le destin ou l'environnement, mais surtout à susciter ou canaliser les sentiments fondamentaux : amour, haine, espoir ou chagrin ; et à contenir dans une marge les explosions de la violence et les transgressions de la fête. Toujours et partout, le rite s'emploie à maîtriser le mouvant, les passages, les ruptures ; à abolir le temps et nier la mort.

Mais nous touchons ici à une fonction du rituel fortement ébranlée par les processus de sécularisation jusqu'à mettre en question la ritualité elle-même : la médiation avec le champ du sacré, du divin. Aspect complémentaire de la défense contre l'angoisse puisqu'il vise à codifier les rapports de l'homme avec une puissance surnaturelle capable de l'arracher à ses limites et à ses misères.

Certes les systèmes laïques tendent à relayer les systèmes religieux avec leurs idéologies, leurs rituels, parfois leurs idoles ; mais sur un registre en quelque sorte affaibli — tandis que les pratiques cultuelles connaissent elles-mêmes un renouvellement. Tous les rites traditionnels subissent donc une sorte de crise qui ne concerne pas seulement leurs modes d'expression et leurs référentiels mais aussi leurs enjeux. D'une part on voit se poser le problème de la croyance en leur efficacité, au sein même du christianisme où apparaît une certaine restriction du champ des sacrements. Plus généralement se développe chez les acteurs sociaux un processus de conscientisation des conduites rituelles qui peut modifier ou réduire leur sens vécu initial ; ce qui jusqu'alors « allait de soi » et conférait à la coutume une sacralité intrinsèque devient objet d'examen, sinon de doute. Ce processus induit un travail d'élucidation qui peut prendre deux directions. Soit celle d'une sublimation qui renforce les éléments symboliques et privés de la ritualité aux dépens de ses éléments corporels et collectifs ; soit celle d'une dévaluation plus radicale tendant parfois à conclure de la désignifiance de nombreux rituels religieux et laïcs à l'insignifiance de toute ritualité. Cette sorte d'iconoclastie s'exprime par une critique intensive des mythologies et des idéologies antérieures, avec l'abandon, voire la dérision, des rituels corrélatifs.

Une telle crise est précisément apparue au cours du dernier quart de siècle. Période de contestation mais aussi de fermentation, de recherches d'un « autrement » qui mettait en question certains rapports de l'homme à lui-même et à un monde en mutation ; ouverture à autrui suscitant de multiples essais communautaires ; promotion du vécu corporel ; renaissance religieuse inspirant des courants charismatiques. On pourrait y adjoindre une sorte de retour à la nature qui anime les mouvements écologiques et la recherche d'autres formes d'art — ou d'anti-art — à travers des démarches éclectiques et subversives qui reflètent au niveau plastique la plupart des soucis précédents et révèlent sous la « casse » ou le *happening* une quête persistante de rituels[1].

Chacun de ces courants a fait l'objet d'ouvrages spécifiques. Du moins avons-nous pu saisir au cours de ces chapitres comment plusieurs d'entre eux interviennent dans le champ de la ritualité, provoquant des processus de dépérissement, de contamination, de résurgences, d'inversion ou de création. Dans plusieurs cas il est apparu difficile de discerner ce qui relevait de la contre-ritualité ou d'une réelle innovation.

Ce que nous avons vu ressortir, tant à propos du christianisme aujourd'hui, que des rituels quotidiens, procède d'un mixte ambigu d'attentes et de refus. Refus d'un style d'existence physique et spirituelle fondée sur une apologie de la règle et la dévaluation du plaisir. Espoir d'une réappropriation de soi à travers la rencontre d'autrui et l'échange d'une certaine tendresse. Enfin sentiment confus d'un étayage à construire comme médiateur entre le désir et la règle, entre les styles d'expression, support de sens et de sacralité. C'est précisément là le souci de rituels « autres » ou « revivifiés », susceptibles de maintenir la fonction symbolique essentielle à toute société.

1. J. Maisonneuve, Remarques sur l'apparence et sur la ritualité aujourd'hui, *in* Revue *Ethnologie française* (1988, 4).

L'intérêt croissant du grand public pour l'ethnologie et l'histoire traduit d'ailleurs une nostalgie des temps et des lieux où cette fonction paraissait assurée avec toutes ses implications. Les grandes effervescences créatrices invoquées par Durkheim au début du siècle n'ont jusqu'ici engendré que des idéologies et des ritologies tyranniques ou perverties. Elles ont aussi, au cours d'une explosion plus brève et utopique, ravivé les valeurs conviviales, mais paru confondre le bonheur avec la submersion d'un désir insatiable devant lequel il serait « interdit d'interdire... ».

Nous voici dans un temps où le balancier, pour les sociétés démocratiques, oscille avec incertitude tout en refusant ces deux extrêmes. Nous sommes en quête de nouveaux rituels à travers des essais, des illusions, des marasmes. De multiples rites locaux se maintiennent ou s'installent au niveau des groupements, des associations, voire de rencontres ou de sessions éphémères, témoignant d'une tendance inéluctable de tout ensemble humain à ritualiser certaines conduites. Verra-t-on se cristalliser des formes de ritualité plus globales, en liaison avec des symboliques largement prégnantes ? Au seuil du IIIe millénaire la prévision reste impossible mais l'enjeu est évidemment considérable puisqu'il concerne le sens, la régulation, les affects et les vécus sociaux.

BIBLIOGRAPHIE

Bastide (R.), *Le sacré sauvage*, Payot, 1975.
Bettelheim (B.), *Les blessures symboliques,* Gallimard, 1971.
Bourdieu (P.), Les rites comme actes d'institution, in *Actes de la Recherche en Sciences sociales*, 1982.
Bril (B.), *Etude analytique des invariances du rituel*, Thèse de Doctorat, Paris V, 1977.
Caillois (R.), *L'homme et le sacré*, Gallimard, 1950.
Cassirer (E.), *La philosophie des formes symboliques*, Ed. Minuit, 1972.
Cazeneuve (J.), *Sociologie du rite*, PUF, 1971.
Chiva (I.), Aujourd'hui les rites de passage, in *Rites de passage aujourd'hui*, voir ci-après.
Cusenier (J.) et Segalen (M.), *Ethnologie de la France*, PUF, coll. « Que sais-je ? », n° 2307.
De Heusch (L.), *Le sacrifice dans les religions africaines*, Gallimard, 1986.
Douglas (M.), *De la souillure (pollution et tabou)*, Maspéro, 1971.
Durkheim (E.), *Les formes élémentaires de la vie religieuse*, rééd. PUF, 1912.
Eliade (M.), *Initiations, rites, sociétés secrètes,* Gallimard, 1976.
Favret-Saada (J.), *Les mots, les sorts, la mort*, Gallimard, 1977.
Frazer (J.-G.), *Le rameau d'or*, Libr. Geuthner, 1935.
Freud (S.), *Totem et Tabou*, Payot, 1947.
— *L'avenir d'une illusion*, rééd. PUF, 1971.
Girard (R.), *La violence et le sacré*, Grasset, 1972.
— *Des choses cachées depuis la fondation du monde*, Grasset, 1978.
Goffman (E.), *Les rites d'interaction*, Ed. Minuit, 1975.
Hervieu-Léger (D.), *Vers un nouveau christianisme*, Cerf, 1986.
Isambert (F.), *Rites et efficacité symbolique*, Cerf, 1979.
— *Le sens du sacré (fête et religion populaire)*, Ed. Minuit, 1982.
Isambert et Terrenoire, *Atlas de la pratique religieuse en France*, Ed. CNRS, 1980.
Lévi-Strauss (C.), *Le totémisme aujourd'hui*, PUF, 1962.
— *Anthropologie structurale*, I, Plon, 1958.
— *L'homme nu,* Plon, 1971.
Maertens (J.-T.), *Le dessin sur la peau*, II : *Le corps sexionné*, III : *La masque et le miroir*, IV : *Dans la peau des autres*, Aubier, 1978.
Maisonneuve (J.) et Bruchon-Schweitzer (M.), *Modèles du corps et psychologie esthétique*, PUF, 1981.
Mauss (M.), *Sociologie et anthropologie*, PUF, 1950.
Otto (R.), *Le sacré*, Payot, 1969.
Perrot (P.), *Le travail des apparences*, Seuil, 1984.
Picard (D.), *Du code au désir*, Dunod, 1983.

Pitt-Rivers (J.), Un rite de la société moderne : Le voyage aérien, in *Rites de passage aujourd'hui*, voir ci-après.
Revue *Communication*, n° 46, Parure, pudeur, étiquette, Seuil, 1987.
Les rites de passage aujourd'hui, Neufchâtel, Ed. L'Age d'Homme, 1986.
Rivière (C.), *Les liturgies politiques*, PUF, 1988.
Seca (J.-M.), *Vocations « rock », approche psychosociale,* Ed. Meridiens Klinksieck, 1988.
Sironneau (J.-P.), *Sécularisation et religion politique*, Mouton, 1982.
Stoetzel (J.), *Les valeurs du temps présent*, PUF, 1983.
Van Gennep (P.), *Les rites de passage*, 1909, réimpr. Mouton, 1969.
Villadary (A.), *Fête et vie quotidienne*, Ed. Ouvrières, 1968.
Wunenberger (J.-J.), *Le sacré*, PUF, coll. « Que sais-je ?, n° 1912.

TABLE DES MATIÈRES

INTRODUCTION 3

CHAPITRE PREMIER. — **Qu'est-ce qu'un rituel? Sens et problématique** 6

I. Définition et rôle des rituels, 6. — II. Modes d'approche des rituels, 15. — III. Le champ des rites et leur classification, 19.

CHAPITRE II. — **Rites magico-religieux** 24

I. Magie et religion, 24. — II. Les tabous, interdits et purifications, 28. — III. Offrandes, prières, sacrifices, 32. — IV. Rites de passage et d'initiation, 37. — V. Rites festifs, 47. — VI. Les rites religieux aujourd'hui, 53.

CHAPITRE III. — **Rituels séculiers et quotidiens** 64

I. De la sécularisation, 64. — II. Rituels de masse, 67. — III. Rituels d'interaction quotidienne, 79. — IV. Rituels du corps, 85.

CHAPITRE IV. — **Les théories du rite** 96

I. Les rites comme support socio-affectif, 97. — II. Une conception intellectualiste, 100. — III. Rite et efficacité symbolique, 103. — IV. Les rites comme actes d'institution, 106. — V. Les apports psychanalytiques, 109. — VI. Rites, mimêsis et violence, 112. — VII. Un essai de synthèse, 116.

CONCLUSION 119

BIBLIOGRAPHIE 123

Imprimé en France
Imprimerie des Presses Universitaires de France
73, avenue Ronsard, 41100 Vendôme
Octobre 1988 — N° 33 891